U1000303

点亮亲子学院

培养有国际竞争力的中国孩子

愿多子女家庭中的孩子们手足相依，向爱而行……

Wie Geschwister Freunde werden

智慧父母的多子女和谐成长课

[德] 莫妮卡·施洛斯 著
王萍 译

中国经济出版社
CHINA ECONOMIC PUBLISHING HOUSE
·北京·

图书在版编目（CIP）数据

智慧父母的多子女和谐成长课／（德）莫妮卡·施洛斯（Monika Schloss）著；王萍译著．--北京：中国经济出版社，2021.11

（全球教子智慧书系）

ISBN 978-7-5136-6669-5

Ⅰ.①智… Ⅱ.①莫… ②王… Ⅲ.①家庭教育 Ⅳ.①G78

中国版本图书馆 CIP 数据核字（2021）第 199883 号

Wie Geschwister Freunde werden. So helfen Sie Ihren kleinen Rivalen, sich zu verstehen und zu vertragen

Monika Schloss(c)Copyright Oberstebrink c/o Körner Medien UG, 2006, 2008

Wannerstraße 1, 79106 Freiburg

Tel. +49-761-42994319

info@ koerner-medien. com

www. oberstebrink. de

著作权合同登记号 图字：01-2021-5332

选题策划 崔姜薇
策划编辑 张 博
责任编辑 王骏雄
责任印制 马小宾
封面设计 任燕飞装帧设计工作室
插画绘制 晓 静

出版发行 中国经济出版社
印 刷 者 北京富泰印刷有限责任公司
经 销 者 各地新华书店
开　　本 880mm×1230mm 1/32
印　　张 6
字　　数 10 千字
版　　次 2021 年 11 月第 1 版
印　　次 2021 年 11 月第 1 次
定　　价 58.00 元
广告经营许可证 京西工商广字第 8179 号

中国经济出版社 **网址** www. economyph. com **社址** 北京市东城区安定门外大街 58 号 **邮编** 100011

本版图书如存在印装质量问题，请与本社销售中心联系调换（联系电话：010-57512564）

版权所有 盗版必究（举报电话：010-57512600）

国家版权局反盗版举报中心（举报电话：12390） 服务热线：010-57512564

推荐序

多子女家庭中的孩子们都有各自的想法、性格，以及在家庭中表达个人需求的意愿。所以，在多子女家庭中，孩子们争夺玩具、零食或餐桌上最后一块蛋糕的事情时常发生。当然，这其中还包括对他们来说最重要的“争夺品”——父母的认可与关爱。然而，多子女家庭中的孩子们必须认识到，在他们当中，没有谁能得到父母全部的爱，他们始终要与兄弟姐妹分享父母的爱。

为了赢得父母的倾心宠爱，孩子们会竭尽全力，有时，即便能得到父母平等的看待和关心，他们的嫉妒情绪依然会滋生。

孩子们总能敏锐地察觉到父母更喜欢他们中的哪一个，这会令他们异常反感。于是，“联盟”土崩瓦解，冲突层出不穷，孩子们凡事一定要分出胜负，以保住自己在家庭中的地位。于是，家中的儿童房变成了训练营，兄弟姐妹在里面针锋相对，互不相让。

好的一面是，对于个人发展来说，自我潜力的发掘非常重要。通过和他人做比较，每个孩子更能发现自身的长处和短处，从而以最理想的方式来激励自己。因此，兄弟姐妹间偶尔的争长论短只是家庭生活的一部分，这源于自然本性，只要吵得不太过分，父母完全无须担忧。

兄弟姐妹组成的小集体会给他们带来安全感和依赖感。在与左邻右舍的孩子发生冲突即将动手时，“我马上去找我大哥来”有吓退对方的奇效，而那些日常生活中的恶作剧，往往是兄弟姐妹通力合作的结果，孩子与兄弟姐妹相处的时间比与父母或朋友在一起度过的时间要多得多，所以他们成了彼此的理想玩伴，一旦遇到麻烦时，他们会彼此安慰或帮对方出主意。兄弟姐妹有平等的基础，可以坦诚交流、深入地了解彼此真实的想法，毕竟，他们拥有相同的家庭背景。

年岁小的孩子总是向年长的孩子看齐，他们观察哥哥姐姐的一言一行并进行模仿。年长的孩子也愿意将学会的东西教给弟弟妹妹。日复一日，兄弟姐妹间的情感不断变化着——既包括嫉妒、失望、害怕失去，也包括因归属感和信任带来的安全感。成年人已经学会如何控制情绪，但儿童则正好相反，他们易冲动，对于喜欢和不喜欢的东西会直接表达自己的观点。于是，这样的情况经常发生——兄弟姐妹间和谐融洽的氛围会突然被打破，立刻升级为一场混战。

兄弟姐妹的关系并不简单，但在他们的关系中，积极因素通常占主导地位。拥有兄弟姐妹对每个孩子来说，意味着获得安全感、归属感、信任感，以及人际交往的经验和个性发展的可能性，这些都是独生子女不曾拥有的。因此，有兄弟姐妹的孩子总是用这样的口吻谈起他们的独生子女朋友："那个可怜的家伙在他的整个成长阶段，凡事都只能独自面对。"

多子女家庭中的孩子们可以组成一个强大的团队，

这个团队不单单存在于童年时期，还会伴随孩子们的终生。

作为父母，学会从孩子的角度看待问题很重要。例如，当您告诉长子或长女，家里马上要添丁，这预示着他将不再拥有家中的主导地位，并且还应该尽快成为一个懂事的大哥哥或大姐姐。换作是您，会作何反应呢？

本书将帮助您理解孩子，走出思维误区。您可以了解到兄弟姐妹相处的典型案例，它们会告诉您如何有效解决多子女的养育问题，以及哪些情况是您务必要避免的。通过了解其他父母如何应对类似的情况，即便是“世界难题”，相信您也可以迎刃而解。

幸福的家庭需要经营，每一位家庭成员都需要为此而贡献自己的一份力量，因为只有这样才能建立起根深蒂固的“我们”的感觉，一个家庭才能变成一个强大的团队，大家同甘共苦、齐心协力。

作为父母，您应为孩子提供所需的自由发展空间，同时给予他们可以无忧无虑成长的必要支持。正如一句谚语所说：“对年幼的孩子，我们必须帮他们扎根大地；对年长的孩子，我们必须帮他们展翅飞翔。”只有根系强壮，才能大树参天；只有羽翼丰满，才能一飞冲天。

给孩子安全的根基和自由的翅膀，让他们去探索世界，并毫发无损地回归幸福家庭。

祝您阅读愉快。

哈特穆特·卡斯滕
德国国家幼儿教育研究所研究员
慕尼黑大学心理学教授

智慧父母的多子女和谐成长课

目录 contents

1 来自原生家庭的人生底色

2 孩子害怕分享怎么办

不得安宁

令人气愤的比较

无意义的平等对待

我的家庭角色

家有患儿

有趣的关系

“夹心”孩子的烦恼

CHAPTER 1

1 来自原生家庭的人生底色

在本章中，您将了解到——

- 童年的经历如何影响您现在的思考和行为方式？
- 过去的一些问题，为什么直到今天依然存在？
- 为什么您不该把父母当年的教育方式用于对自己孩子的教育？
- 为什么独生子女不容易？

吃一堑，长一智

如果您自己就是和兄弟姐妹一起长大的，当您成为两个及以上孩子的父亲或母亲后，您就会发现自己童年时所经历的与现在您的孩子们所经历的，并没有太大差别。

当初，您和您的兄弟姐妹生活在一起时或好或坏的经历不仅给您留下了难以磨灭的印象，还持续影响着您现在的思想和行动。童年的行为模式往往会伴随人的一生。也许，您早就习惯了自己在原生家庭中“扮演”的那个特定角色，您可以是很能干的，一切尽在自己掌握之中；或是很包容的，对于别人的错误始终能给予宽容、谅解；再或是含羞草型的，异常敏感，对任何冲突毫无承受能力。

您对于伴侣的选择也可能取决于您的兄弟姐妹对您的态度。例如，在原生家庭中，您作为唯一的女孩受到兄弟们的保护，成年以后的您也容易被一位强大、可靠的保护者所吸引；如果您一直在家中占据强势地位，喜欢对兄弟姐妹指手画脚，那么长大之后，在夫妻关系中，您很可能就会处于领导地位，因为您本能地会去选择一个与您相比个性不那么强势的伴侣。

多年前，兄弟姐妹给您留下的心灵创伤，可能让您时至今日也无法彻底遗忘。哪怕您并没有意识到这一点，但只要旧伤疤被触碰，痛苦的记忆便会卷土重来。例如，被哥哥或姐姐无情折磨过的孩子，成年后依旧畏首畏尾，毫无魄力；家中的小胖子可能从未真正甩掉自卑情结；天生丽质而从小就在一片赞誉声中长大的孩子，可能会对衰老尤为恐惧；学会用意志控制身体暴力的孩子，几乎不会变成懦弱的人；在长子女和幼子女之间的“夹心”孩子[1]，通常会成长为熟练的“外交官”，因为他们从童年开始就训练自己如何在兄弟姐妹中斡旋。

每个孩子都有自己的本性，在某些情况下，孩子有可能会出现不同于预期的反应。所以，让我们重新来分析上面的例子，来看看兄弟姐妹的关系可能会产生怎样截然不同的影响。

随着时间的推移，经常被哥哥或是姐姐欺负的孩子，可能有一天会开始反击。他们掌握了所有打败比自己厉害的对手的技巧。在今后的生活中，他们还会乐此不疲地加以践行，因为他们深知“人善被人欺”。

小时候因为婴儿肥而被人嘲弄的女孩，很可能到某了个时候，就会暗下决心：“现在，我要让他们好好瞧瞧！凭借坚韧和顽强的意志，我一定能成功减掉多余的脂肪，获得大家的认可。”

那些从小就很漂亮的女孩，自童年时就已经懂得一个人必须重视自己的外表，并应该从容优雅地老去。

有暴力倾向的孩子也不一定会一条道走到黑。也许，

---

①一个家庭中处于中间年龄的孩子

他们会通过兄弟姐妹的经历发现，公平和善良也有助于迅速达成目标。

在孩子的成长过程中，也许一次鼻青脸肿的经历便能让他们变得清醒。有暴力倾向的孩子可能骨子里是温柔善良的，并且迫切希望被如此看待。

许多“夹心”孩子在家中的地位处于劣势，因为他们得到的关注太少，获得的爱不够。这种总是吃亏的感受可能会伴随他们多年，如果他们不寻求突破并争取更高的家庭地位，今后就有可能变成一个平庸的人。

“主角”的酸甜苦辣

作为家中长子女，是件幸福还是不幸的事情呢？无论如何，长子女都是特别的。因为他们拥有兄弟姐妹求而不得的东西，父母给了他们无须与他人分享的爱。

在所有的家庭中，长子女出生时的情况大同小异。一切都围绕着“头号宝贝”，以至于父母一分钟都不敢让宝贝离开自己的视线。可当弟弟妹妹出生，同等程度的关注将不会再现，因为父母对孩子的成长规律已了如指掌，正如俗语所说，一回生二回熟。长子女为父母带来的是独一无二的全新体验。

西蒙·德·鲍威尔在谈及自己的童年时说道：“我为父母带来了全新的体验，但我妹妹想让他们再次拥有这样的体验可不容易。我没有被拿来和任何人比较，但在我之后出生的弟弟妹妹，我都被拿来和他们比较。”

多子女父母无暇给予每个孩子充分的关注。除长子女外，其他孩子必须从一开始就学会分享，但这种体验可能是长子女在相当长的一段时间内无须费心的事情。父母与长子女的亲密互动往往有助于他们的智力发育，因此长子女的智商普遍要高于家里其他孩子，他们往往会比弟弟妹妹更快学会说话，并且在很小的时候就显露出极强的自尊心。

对于父母来说，在长子女的婴儿时期，他们所要面对的一切都是全新且陌生的。出于担心会犯错，一部分父母会过于谨慎。您当时是怎样的？您在孩童时期是否也被您的父母小心翼翼地呵护，生怕您出现危险？随着时间的推移，父母的不安会传递给孩子。父母甚至不希望孩子独自踏上探索之旅。孩子会变得紧张，不敢独自做任何有风险的事情。因此，当孩子的行为和父母设想的不一样时，父母会立即喊停。

如此“爱”孩子造成的结果很难预测。每个孩子都会以自己的方式成长，根据已有的人生轨迹，寻找能够告诉他们之后该如何做和到哪里去的人。然而，父母若一味地干预，当孩子到了必须独自面对问题的年龄时，他会变得无所适从，迷失方向。

老大很容易成为父母养育孩子的实验对象。新手爸妈经常对孩子进行各种尝试——让宝宝自己哭一会儿还是每次都要立即安抚；全天候悉心照料孩子不还是抽出时间做点自己的事；对不听话的孩子立即惩罚还是包容。到底选择怎样的教育方式，对于每一位为人父母者来说，都是难以抉择的事情。

也许您在孩提时代也曾体验过父母多种不同的养育方式。那么您肯定还记得，不同养育方式所导致的父母反复无常的变化会使孩子变得不安。昨天还被允许的事情，今天突然被明令禁止，孩子到底该何去何从呢？如果您在家庭教育方面做得很好，那么您应该感到高兴，这一定得益于您父母对您的良好教育所带给您的启发。

社会学家发现，那些具有很强适应性，并且展现出顺从和温柔等传统特质的女孩，往往生活在只有姐妹的家庭中。姐妹们通常相处默契，彼此友好。男性的出现会打破这种和平，导致纯粹的女性群体中出现很多纷争。

没有姐妹的男孩们几乎不会在意队伍中没有女性的调节作用。他们处处都要一争高下，姐妹的出现只会打扰他们。但倘若有了姐妹，兄弟们也会明白如何从中获得“好处”，尤其是姐姐们会非常乐意照顾自己的弟弟，这也是她们永远不会失去的一种本能。

相互对抗 VS 携手对抗父母

童年的行为模式或许早已被人们遗忘，但在某些特定场合，它们会被重新激活——忽然之间，一切皆如往昔。家庭聚会就是这样的“时间机器”，能让所有人穿越到过去。每年圣诞假期，在成千上万个家庭中都会上演类似的情景剧……

大家从四面八方准时赶来，按照古老的传统，在父母家中欢聚一堂，共同庆祝圣诞节。大姐玛蒂娜携丈夫前来，她已经是三个孩子的母亲了。妹妹卡罗拉尽管怀孕了，但她仍然在丈夫开的工厂里担任秘书而忙碌工作。家中的小弟马库斯这次也准时出现在家庭聚会中，与他一同现身的还有他的未婚妻安克和途中偶遇并顺便带来的两位朋友。

“没关系，”母亲对意外来客说，“这孩子总是不说一声就带朋友过来，不过他能回来就好。”“真有意思，”大姐接过母亲的话说，“我以前带朋友回家时，你们总说我应该事先打个招呼，还说我害得你们每次都措手不及。”

当“老皇历”被翻开，似乎每一位家庭成员都迅速切换到了过去的角色模式当中。大姐依旧扮演总管的角色，给其他人指派任务；妹妹负责布置餐桌；弟弟的未婚妻负责照顾她未来的外甥们。与此同时，弟弟马库斯和朋友们负责把礼物都集中摆放到客厅。

玛蒂娜一头扎进厨房，把母亲请了出来：“您现在该休息了，做饭的事情交给我吧。”她一边说，一边留意烤箱里的烤鹅。不一会儿，马库斯把头探进厨房说：“嘿，老姐，我想跟朋友们一起去镇上喝一杯。你来负责分发礼物吧，晚饭时间我们一定回来！”说完，马库斯就带着他的两个朋友一溜烟地跑了。

妹妹卡罗拉不情不愿地布置着餐桌。“怎么总是我，”她嘟囔着，“难道别人就不能做一次吗？我刚刚忙完工作的事情，还想休息一会儿呢。可只要玛蒂娜发号施令，所有人都要听她的。”

同样，马库斯的未婚妻安克也因为要照料孩子而感到心烦意乱。“天啊，我该怎么对付这群捣蛋鬼？我可没打算到这里来当保姆！”

这话被马库斯的父亲听到了，他说：“你不是迟早也会有这一天吗，结婚的事情你们还要拖多久？如果不抓紧，年龄太大就不好生孩子了。”

“我的年龄您就不用担心了，”安克气呼呼地说，“马库斯和我决定暂时不要孩子。先专心工作，以后看情况再说。”

“蠢孩子！这肯定是你单方面的想法，马库斯绝不会这样想的。”父亲吼起来，“我可要和他说说，你的职业抱负和新潮思想可真不适合我们家！”

“爸爸，你怎么能这样说？”卡罗拉开始站队了，“我当时就应该再晚一些要宝宝，应该等事业进展顺利后再生孩子。但您和妈妈给了我很大的压力，仿佛我的生育期限马上就要到了一样，最后我只好妥协了。”

这场圣诞聚会最后的结局可想而知。父亲坚持己见，女儿和准儿媳据理力争，母亲则一如往昔，为纷扰的家事而头痛，弟弟决定尽快返程，只为能赶上去南部旅游的最后预订优惠。

美好时光 VS 糟糕时光

为什么所有本该在和谐气氛中进行的家庭聚会，最后都以吵吵闹闹收场？几个小时不吵架就这么难吗？

成年子女都有个人生活和自己的想法，但在他们重回自己的原生家庭时，面对仍然将他们看作孩子而不是独立成人的父母，过去的“父母—子女”模式就会被重新启动，每个人都回到旧模式当中。这通常也意味着，压抑在心底的家人间的冲突再次爆发，没有解决的问题再次被摆到了桌面上，责任也再度被推诿。

父母与子女的关系，其实与兄弟姐妹间的关系一样，从来都不是平等的。当然，在子女长大之后可能会以更轻松、更妥协的方式来处理彼此的关系。但过去形成的关系结构早已根深蒂固，只不过由此带来的影响比之前更弱或更强而已。

许多年轻父母对他们的父母或兄弟姐妹过去的某些行为记忆犹新，这会对他们之后的家庭生活产生深远影响。以下的几个案例，您可以根据自己的情况借鉴一二。

埃斯特，一位直到今天仍然对父母制定的家规而愤愤不平的年轻女子，她说："父母总说，我们是一家人，应该要相亲相爱，所以家里严禁争吵。与家人的所有冲突都必须被掩盖和消除。可事实是，我从不喜欢妹妹，她总是烦我。一旦我的所作所为非她所愿，她就会扯我的头发，甚至踢打我，还动不动去父母那里告状。尽管我经常痛苦地抱怨这样不公平，但父母却从不干预。长期以来，我不得不压抑着内心对妹妹的厌恶，因为如果不这样，我就会不可避免地被充满'慈爱'的父母严厉训斥。所以，直到今天，我都无法清晰表达自己的想法。我的父母早已习惯了掩盖真相，无视真相。"

一番犹疑后，曼努埃尔说出了自己的想法："从小我就是爸爸心里最棒的孩子，我被允许做任何我想做的事情，可以说是家中的王者。我的兄弟们也可以做他们想做的事情，但从来没有得到过父亲哪怕一丝的鼓励或称赞。可我还是认为自己得到的认可不够多。久而久之，我的兄弟们开始联合起来反对我，但这毫无用处。我依旧是父亲眼中的骄子，即便我真犯了什么错，只要我抵赖，把责任都推卸给兄弟们，父亲还是会对我深信不疑。时至今日，我深感失落，一方面我本希望能与弟兄们打成一片的，但这已成为不可能的事情了，我和他们很长时间都不往来了。另一方面，我又不能责怪父亲过去对我的偏爱，因为他让我度过了一个幸福的童年。当然，我意识到他对其他人不公平，所以我会努力对我的孩子们一视同仁。”

“我们家有三姐妹，”玛丽安说，“我和大姐处得很好。我们会与对方分享喜怒哀乐，是彼此最好的朋友。但我俩都不喜欢小妹，她总做傻事，而且胆大妄为。当我们步入青少年时期，小妹变得更加肆无忌惮。光说她当时穿的那些衣服，就让人感到脸红。不仅如此，她还到处得罪人，故意寻衅滋事。很快，她就因为自己的行为而声誉受损，甚至影响到整个家庭。再后来，长大成人的我们渐行渐远，也不再需要相互包容了。顺便说一句，这期间她已经移民美国，想在那里学艺术提升自己。这挺适合她，因为她对普通事物兴趣寥寥。大姐和我有一点看法肯定一致，我们绝不会让自己的女儿像小妹那样荒唐。”

简的经历则非常不同，“你能理解这种感受吗，家里所有的兄弟姐妹都是超人型的，他们无所不能，做每件事都易如反掌，而我自己却是毫不起眼的小人物，学业平平，貌不出众，这种感觉就像生活在地狱。在幼儿园、小学、中学和大学里，我不得不铆足了劲儿与他们竞争。不仅如此，父母还要火上浇油，把‘超人’大哥作为榜样让我去效仿。在整个童年和青春期，我一直追着别人奔跑。如今，我们都工作了，我本该对目前的这份工作很满意，但事实并非如此，因为我总在说服自己，只要再努力些便可以取得更多成就。我利用晚上业余时间报名参加了远程进修课程，只为获得更多的资格证书，但家人为此却苦不堪言。妻子抱怨我是书虫，而不是丈夫。可我这样做，就是想向我的家人证明我并不比大哥他们差，他们实现的成就，其实我也可以做到，总有一天，我会比他们更优秀。”

以上几个案例清楚地表明，童年时的经历在很大程度上会对我们现如今的生活产生影响，甚至会一直左右我们的思想和行为。我们应屈服于这种影响，还是应尝试充分利用童年的经历，更好地为自己和家人做出努力？答案显而易见。

育儿小贴士

- ○ 不要逼迫您的孩子实现您曾经无法达成的目标
- ○ 不要把您在原生家庭中养成的行为模式用于您现在的家庭中
- ○ 和孩子谈谈您的童年，无论是美好的还是不太美好的，让孩子从中有所领悟

弟弟还是妹妹？
不，我想要豚鼠！

CHAPTER 2

孩子害怕分享怎么办

在本章中，您将了解到——

- 多子女家庭有哪些优势与劣势？
- 为什么长子女害怕您肚子里的“竞争者”？
- 如何消除孩子对新生婴儿的“恐惧”？
- 为什么兄弟姐妹自出生开始就是竞争对手？
- 您何时该去干预孩子之间的纠纷？

想要弟弟还是妹妹

有一天，母亲把小儿子抱在怀里说："亲爱的，爸爸妈妈想给你一个惊喜，很快你就会有一个弟弟或妹妹了。告诉我，你想要弟弟还是妹妹？"小家伙干脆地回答说："我想要豚鼠！"

如果出现以上这种情况，请不要反应得太激烈。因为从孩子的角度来看，他完全有理由拒绝未来的家庭成员。其中一个原因很容易理解，他也许早就想要一只豚鼠，所以他想利用这个机会再次明确地提出他的愿望。第二个原因比较微妙，孩子心里可能已经埋下深深的恐惧，害怕将来有人与他分享父母的爱。您也许认为只有 3 岁大的孩子想不到这些，但科学家们却认为，即便只有 9 个月大，婴儿也知道通过自身行为引起周围人的注意。通常，只要婴儿摆出可爱的笑脸，大人们就会异常兴奋。因此，不用多久，只要视线中出现成人，婴儿就会开启自动微笑或是咿呀学语的模式。他们发育惊人的大脑中也会存储这样的信息——微笑意味着感情。与此同时，婴儿还能察觉到他的附近是否还有其他婴儿也在做同样的动作，如果有，这个婴儿是否会成为他的竞争对手。所以，永远不要低估孩子的潜在的嫉妒心，即便是婴儿，也或多或少会有竞争的意识。

没有理论依据证明，在一个家庭当中，有多少个孩子为最佳状态。尽管如此，做出添丁的决定仍然要慎重。不仅因为家里的第一个孩子可能会抗议，您也应该想清楚，自己是否真的想再要一个孩子。如果答案是肯定的，那么原因是什么呢？毕竟在德国，每 4 个孩子中就有 1 个是独生子女。当然您大可不必担心独生子女会被宠坏，成为自私自利之人，这一理论完全没有依据。只要您的孩子经常与同龄人在一起玩耍，他们就能学会社交。

下面，就让我们一起分析一下家中孩子的不同特点。

独生子女

年轻夫妻通常会有意识地选择只生一个孩子。尤其当夫妻双方都忙于事业，且双方都不想放弃个人职业生涯时，便会出现这种情况。这类父母在孩子很小的时候就会对孩子提出很高的要求，认为孩子要尽快独立起来，才能很好地与其他人（比如临时保姆）互动。

当然，也存在另外一种情况，父母本希望有多个孩子，但由于一些客观因素，最后只生了一个孩子。在这种情况下，父母通常会将所有的爱和关怀集中在他们唯一的孩子身上。这个孩子将成为他们生活的中心，一切都围绕着孩子旋转。对于这类父母来说，人生似乎只有一项任务：保护心肝宝贝不会遭受任何坏事和危险。这种过于谨慎的态度，会令孩子缺乏积累自身成长经验的机会。长时间下去，孩子会无法掌控自己的事或承担责任，遇事只会回避，长大之后做事也总是畏首畏尾。

父母对独生子女总会寄予厚望。他们希望孩子在所有的事情上都能出类拔萃，这会造成孩子过重的心理压力，并会导致孩子对失败产生恐惧感。

只有从小培养孩子的社会行为能力，孩子才能发展成为一个拥有较强适应性人格的人。除了较强的自信心外，他[1]还会具备团队精神和合作意愿。社交敏感的孩子很少是自我主义者，他们对朋友的选择非常慎重，能准确辨识出可以信任的和不可信任的人。他们一旦做出选择，维系长期友谊的情况其实并不罕见。

家中长子女

在老二还未出生前，长子女也可以被看作独生子女。一般来说，母亲和长子女的关系往往是最亲密的。因为正是长子女的出现，才令她初次获得了一个难忘的身份——母亲。

亲密无间的亲子关系会导致长子女对老二的出生反应强烈。因为他一直以来都享受着妈妈全部的爱，而当弟弟妹妹即将出生时，他便会担心自己将失去一部分的母爱。但如果孩子在没有严重情感伤害的情况下克服了“失去王冠”的失落感之后，他很快就能进入大哥哥或大姐姐的角色。长子女经常会在一些事情上占据主导地位，主动告诉

①本书中出现的“他”除特指男性，一般指“他”或“她”，为方便读者阅读，统一使用“他”来表述。

弟弟妹妹哪些可以做，哪些不能做。

领导特质外加强大的执行力和自信，会令长子女长大后在工作中游刃有余。因此，职场上家中老大占据要职的情况比比皆是。

“夹心”孩子

年龄处于中间的孩子可能会有一些“天然”劣势，在长子女与幼子女得到父母更多关注的同时，无形中降低了“夹心”孩子的重要性。所以，在很多家庭当中，“夹心”孩子不得不经常开动脑筋，试图用各式各样的方法来吸引父母的注意——“瞧，我也很特别!”他们有的会扮演开心果，有的个性叛逆，还有的会成为长子女与幼子女出现纠纷时负责调解纷争的“外交官”。

从另一个角度来看，“夹心”孩子也有他们的优势。由于不是父母关注的焦点，“夹心”孩子可以更早地自由发展，走向独立，按自己的想法做事时也不会受到家长的过多干扰。“夹心”孩子大都乐于冒险，喜欢和朋友参与危险活动。因为，对于“夹心”孩子而言，被父母抓现行的风险要远远低于兄弟姐妹。

“夹心”孩子因普遍喜欢与比自己大的哥哥姐姐一起

玩，所以常常会表现出突出的妥协能力和协调能力。

父母应该试着花费更多时间陪伴“夹心”孩子，不要让他们为了得到父母的赞赏而独自挣扎，而应给予他们高度的情感关注，从而促使他们具备积极向上的品质。

家中幼子女

无论家中幼子女是计划外的孩子，还是您一直想要的孩子，幼子女总会占据一个特殊的位置。作为家中幼子女，他们必须首先学会战胜权威。所以，他们可能会显得有点儿倔强，凡事都要与家人对抗。他们会尝试用各种方式去达成自己的意愿——有时直截了当，有时含蓄婉转，有时还会神经质地大吵大闹。

幼子女可以从“最小的孩子”这一身份中受益，当哥哥姐姐被要求举止得当时，家中的老幺却能从父母那里获得最大的自由、宽容和理解。

尽管幼子女遇到问题时通常能获得父母的体谅，可他们依然不满足，总想尝试获得更多的优待。对于幼子女来说，清楚地了解父母对他们容忍的极限很重要。毕竟，谁愿意放弃自己有可能得到的更大的权限呢？

此外，幼子女会意识到自己需要更加努力，因为哥哥姐姐永远都比自己知道的更多，在任何事情上都做得更好。这种处于劣势的感觉往往能激发幼子女的想象力和斗志，从而获得在某方面能战胜哥哥姐姐的能力。这也就解释了为什么幼子女会突然对一个从未涉足的领域产生兴趣。

您是否希望您的幼子女不要长大，这样您就可以一直尽情地宠溺他？这完全可以理解，但您还是应该教会孩子独立，并给予他足够的个人发展空间。此外，如果因为他的哥哥姐姐没有达到或者只是部分达到您的期望而令您失望时，请不要把您所有的期望寄托在幼子女身上，因为这对幼子女来说是不公平的。

来自妈妈腹中的“竞争者”

度过了抚育长子女最辛苦的阶段，妈妈的身体也渐渐从生育的疲劳中恢复过来。不少夫妻会计划在长子女 2 岁或 3 岁时再添一丁。但您还是应慎重执行这一计划，因为适用于其他家庭的计划并不一定适用于您的家庭。所以，请试着制定最适合您的解决方案。作为负责任的家长，在决定要生下一个孩子之前，需要仔细地权衡利弊。一旦您再度怀孕，会给整个家庭带来巨变。您打算如何让长子女做好心理准备，迎接即将出生的弟妹呢？

当您的长子女在家中的绝对核心地位没有受到挑战之前，您或许能完全专注于他的需求。但如果一个嗷嗷待哺的小家伙加入孩子的行列呢？家庭生活的模式将从根本上发生改变，不仅对家长如此，对突然发现自己处于全新角色的长子女来说亦如此，这就有可能导致一些状况的出现。

为了尽可能避免出问题，您应该从一开始就让孩子了解您怀孕的情况。越早让长子女知道怀孕是自然而然发生的一件事情，以及正在妈妈肚子里悄悄长大的小家伙不会给他带来任何威胁，那么他从抗拒新生儿过渡到与新生儿共同生活的过程就会越顺利。怀孕生子不应该成为一个禁忌话题，而应该是一个让全家都感到幸福的新的开始，您应该一开始就明确向长子女传达这种观念。

即使 2 岁的孩子也能很快意识到妈妈变了——妈妈不再与他一起疯玩，不再像以前那样把他抱在怀中，也越来越没有兴趣和他一起做游戏了。相反，妈妈总是静静坐在沙发上，抚摸着日渐隆起的腹部，有时似乎完全忘记了她2岁的大宝贝。

孩子是非常敏感的，他很快就会发现您行为的改变与您的肚子有关。大孩子会觉得肚子里的小家伙要与他竞争。在他觉得对方是坏家伙或者产生敌对情绪之前，您需要采取行动。当然，您无法向一个两三岁的孩子详细解释怀孕和分娩的过程，但您可以简单地告诉他即将发生些什么。例如，“想象一下，亲爱的，一个小宝宝正在妈妈的肚子里慢慢长大。你当初也是这样长大的，直到出生。小宝宝还需要在妈妈肚子里再待一段时间，等到复活节，当爸爸带着你到森林里寻找彩蛋时，他就会来到这个世界与我们见面了。”让孩子抚摸您的肚子，再把耳朵贴在肚子上听听小宝宝的动静。“宝贝，你感受到了吗？小宝宝在踢我呢，你轻柔有爱地抚摸他，他肯定高兴得不得了。”

“妈妈，小宝宝从哪儿来？”学龄前儿童可能想要知道更多关于婴儿的事情，请不要急于用鹳鸟送子[1]的故事来搪塞孩子，而是正面回答他的问题。如果孩子很好奇地问宝

---

①鹳鸟，亦称白鹳，有“送子鸟”之称。在德国的乡村，我们经常能看到百姓家的屋顶上会搭建一个平台，那就是专为白鹳准备的。

宝是如何进入妈妈肚子的，又将如何从妈妈肚子里出来，请耐心地向孩子解释。永远不要说“你现在太小了”这样的话，这不足以敷衍一个充满好奇的孩子。他会执着地发问，直到获得满意的答复。

“我该怎么告诉孩子呢?”找到让孩子理解它的最佳方式，实际上就意味着您要用孩子熟悉的表达方式去解释。例如，把性行为解说为爱或拥抱，孩子是可以理解这些概念的。或者，您也可以使用相应的专业术语来表述，将这些术语与孩子目前使用的词汇关联起来，例如，“就像你知道的，男孩子下面有一个小鸡鸡，女孩子下面有一个小洞洞。它们也被叫作阴茎和阴道”。

这一阶段完全没有必要给孩子上一堂全面的生理课。一方面，长篇大论和详细的生理卫生知识只会让小提问者感到困惑。另一方面，他也根本不想知道细节。因此，按照循序渐进的策略，针对孩子的问题只给出必要的信息。如果他想知道更多，他会追问，然后您再给出下一步的答案。此外，叙述不要过于抽象。

当您显怀后，便是向孩子解释出生是怎么回事的最理想时机。告诉孩子，爸爸妈妈是因彼此相爱才有了小宝贝。

和他讲讲您当时多么期待他来到这个世界，以及当他终于到来时，你们有多开心……这些描述传达给孩子的信息是，他对于父母来说非常重要。您也可以和孩子一起看看他婴儿时期的照片，“宝贝，看看你当时多小啊，即将出生的弟弟或妹妹也会这么小”。

另一种让孩子接纳新生儿的方法是角色扮演。利用玩具娃娃与孩子模拟家中即将发生的新情况，您可以很容易观察到孩子会如何应对家庭队伍壮大的状况。您也可以让孩子画一幅画，描绘家庭成员增多后的场景，从中您也能看出些端倪。例如，您的孩子是否位于画面中心，父母是否紧紧挨着他，新生儿是否被可怜巴巴地被安置在一边。如此一来，您就能大致了解孩子对于接受新的家庭成员这件事是否有困难。与孩子谈谈他的画作，“宝贝，你看，小宝宝孤零零地待在角落里多可怜啊，如果他离你更近一点，你觉得他会不会开心一些呢？至少他肯定不会这么孤单吧”。在说话的同时，把孩子抱在怀里，给他一种仍然被宠爱的安全感。让他知道，哪怕新生儿到来，也丝毫不会动摇您与他之间的亲密关系。

对孩子来说，从心理上真正接纳新生儿是需要一个过程的。在此期间，您需要向孩子反复讨论这个话题，孩子就会慢慢习惯弟弟妹妹即将出生成为家中一员的事实。您还可以告诉他，怀孕生子很辛苦，所以，您会经常感到疲倦或烦躁。这会让您的孩子能更好地理解，为什么您有时会与平时判若两人。

告诉您的孩子，此刻您需要他——“如果没有你，我都不知道该怎么办才好！”向孩子寻求建议和帮助——“你觉得婴儿床应该放哪里？婴儿房的墙壁用什么颜色最好？从你的旧衣服中挑选一些给弟弟妹妹穿好不好？”你们可以一起给小宝宝起名字，一起去商店挑选婴儿车。您产检的时候也可以带上孩子，让他通过超声波认识新生儿。这是一件激动人心的事情，孩子肯定会非常感兴趣。此外，您和丈夫应该在怀孕期间多与孩子共享天伦之乐，这样他就不会觉得弟弟妹妹夺走了他的亲子时光。

以上这些亲子互动可以大幅减少潜伏在每一个即将迎来弟弟妹妹的孩子心中的焦虑感。您的同理心和细致周到的照顾，会使您的孩子像您一样殷切盼望小宝宝的诞生。

“没有人关心我”——认真对待孩子的心声

“宝宝终于出生了！他真的超级可爱！”然而，您家的大宝贝显然不太认同您的赞叹，他不明白那个整天哇哇大哭、小脸皱巴巴的小生物有什么了不起。最让他难以理解的是，宝宝做什么都可以——即便 24 小时没完没了地哭闹也不会被妈妈批评。可是他却不行，妈妈总是要求他保持安静、懂规矩，因为他已经“长大”。一切都围着家里的小宝宝转，而小宝宝也总是在无止境地索取。

当您因宝宝的降临而备感幸福时，您的长子女可能正经历着如坠深渊的痛苦——“没有人再爱我了！”遇到这样的情况，如果您一味地要求大孩子理解您，认为他已经长大，该懂事了，那么情况只会适得其反，他甚至会认为，表现得弱小无助才会赢得父母关心。

无论如何，长子女却会试图重新获得爸爸妈妈的注意。他会重拾早已改掉的坏习惯，但凡有任何不如意，就开始耍赖，在地上打滚，使劲跺脚，大吵大闹。他甚至会重新切回婴儿模式，做出用奶瓶喝水，或者想用尿不湿的行为。

从前的乖宝宝突然变成了磨人精，不断挑战父母的底线。但最终长子女会失望地发现，各种不听话的表现非但没有带来他所期待的关心，反而带来的是母亲的拒绝和责怪。对于一直在家中处于核心地位的长子女来说，这是一种创伤经历。如果长子女对您提出“把小宝宝送回去”这样的请求时，请不要愕然。这也许是孩子的最后通牒，他是在告诉您，他已经无计可施了。

惩罚孩子并不是正确的选择。您要了解，长子女之所以这样说并不是因为他在乱发脾气，而是因为他很伤心、失落。所以，请允许孩子充分地表达自己愤怒和失望的情绪。如果您逼迫孩子压抑自己的消极情绪，只会增加他对婴儿的嫉妒，令手足关系从一开始就背上了沉重的负担。如果长子女想要将新生弟弟妹妹送走，请把这种愤怒的表达视作一个机会，与孩子谈谈心，让他意识到，您不会把宝宝送走，因为“我像爱你一样爱这个小家伙，我从不会想要把你送走，所以我也不会把他送走”，这既可以缓解紧张的局面，又向孩子强调了他在您心目中的重要地位。

并非所有的长子女都会对弟弟妹妹的出生产生强烈的反应。内向的孩子往往会选择压抑自己的情绪，然后慢慢消化。内向的孩子有时会突然变得安静，失去了平日的快乐与活力，有时胃口会变差，不愿吃东西。如果您家的长子女突然表现得像小婴儿一样，吸吮拇指或是重新开始使用安抚奶嘴，或是想一直被人抱在怀里，害怕在黑暗中入睡，这有可能就是孩子产生不良情绪的征兆。

当然，还有一些孩子在弟弟妹妹出生后，意外地成了乖孩子。他们从未表现得如此友善和懂事。但请不要开心得太早，事情往往并不像表面看上去的那样简单。有的孩子擅长在他人面前隐藏内心的痛苦，而这种压抑感在孩子心灵深处埋下的痛苦往往一生都难以磨灭。

最糟糕的情况是，孩子内心的挣扎会转化为严重的攻击性。不过值得庆幸的是，攻击性很少升级到长子女真的把弟弟妹妹反锁在厕所里，或用剪刀划伤他们这样的程度。孩子内心的痛苦通常会转移至其他的事物上，比如宠物、玩具或是邻居家的小孩。

“为什么我的孩子会产生这样的行为?”父母总是疑惑不解。其实，这是嫉妒心作祟的结果。您可以试着站在孩子的角度想一想，自从孩子有了独立思考的能力以来，他就是家里的中心，父母、祖父母和所有的亲戚朋友都以极大的热情关注着孩子的进步。他是世界上最美丽、聪明、可爱的孩子。可自从弟弟妹妹出生之日起，他的“主角”时代便告一段落。“竞争对手”走入了他的生活，一声啼哭，父母就急忙冲过去；亲戚朋友来家中拜访时，弟弟妹妹成了主角，没人再对长子女感兴趣了。特别糟糕的是，当他想和过去一样抱着妈妈亲亲时，却发现小婴儿已经占据了妈妈的怀抱，“迪尔，你瞧，我得先照顾宝宝”。随着对小婴儿的嫉妒的不断累积，长子女变得越来越伤心抑郁。如果您觉得这很难理解，那么请试想以下情景：

前不久，您和爱人还是一对相亲相爱的伴侣，您坚信没有什么可以把你们分开。你们共同经营着如诗如画的婚姻生活，你们有着相同的爱好，对彼此的了解也越来越深，无条件地信任对方。当然，生活中不时会有点小摩擦，但总会和好如初。

所以，当丈夫微笑着对您说出以下这番话时，相信对您来说，无异于晴空霹雳：“亲爱的，从下个月开始，有一个女人将搬进来与我们共同生活。你肯定会爱上她，因为她真的很可爱。我真心期望，她能和我们一直在一起。”

在您瞠目结舌时，您的丈夫把您抱在怀里安慰您说："亲爱的，你应该能理解吧，最近一段时间，我需要多照顾她一些，毕竟她对这里不熟，在我们中间有可能会感到拘谨。所以，最近我不能再花那么多时间陪你了。你那么贤惠懂事，我想你一定能与她相处得很好，她也即将成为我们家的一员了。"

当您觉得脚下的大地在晃动时，您的丈夫补充道："我想你不会嫉妒吧，我还是和从前一样爱你。对了，周末我们一起布置她的客房怎么样？或者如果你愿意让她与我们共用一个房间，那样就更好了！"

泪水在您眼眶里打转，被欺骗和背叛的感觉在您心中滋生蔓延。"为什么要这样对我？为什么他还需要第二个女人？"

上面的这一假设表明，嫉妒会引发排他性。当然，手足间的嫉妒和两性间的嫉妒是存在本质差异的。伴侣关系当中的排他性更为普遍，兄弟姐妹之间虽会有竞争，但更多的是相互的促进和助益。将这一观念传达给您的孩子非常重要。

谨防不必要的担忧

相信通过前文的介绍，您已经知道对于长子女所谓的“剥夺创伤”做出适当反应有多么重要。“适当”意味着程度合适，所以您也不要因为过分担忧长子女，而走到另一个极端。当弟弟妹妹出生时，长子女感到心理不安是正常的，但请不要助长他的这种情绪。因为，这有可能使您家中老二或老三从一出生起就处于不利的地位。

假如您觉得长子女有理由担忧，因而在他的弟弟妹妹出生后，选择与他更为亲密，而对弟弟妹妹刻意疏远，这样做可能会鼓励长子女对手足关系长时间采取消极态度。日后，一旦长子女和弟弟妹妹争吵，他有可能会说：“滚开，妈妈根本就不想要你！”遇到这种情况，您又该如何制止呢？在那之后，您可能需要用很长的时间去抚平家中老二或老三的精神创伤。

解决以上问题的关键在于，让长子女了解您非常爱新生的宝宝新生儿，同时也非常爱他，永远不会抛弃他。

争夺关爱与认可之战

即将拥有弟弟妹妹的事实是不能改变的，长子女必须学会去接受，但这并不意味着他会坦然接受。相反，他会为自己在家庭中的地位反复抗争。当然，也有足够多的例子表明，情况有可能完全不同。例如，兄弟姐妹不是相互竞争，而是喜欢粘一起玩游戏的关系。但这种情形勉强不来，在大多数情况下，只有性格相似的兄弟姐妹才会相处融洽。当然，父母也要小心，不要偏爱家中的某个孩子，否则更容易令其他孩子产生对抗情绪。

即便手足情深，孩子们仍会争夺父母的爱。许多儿童心理学家和多子女家庭研究人员认为，兄弟姐妹相处时的典型特征是消极与积极情绪共存。多子女家庭的孩子从小就必须学会调整竞争和团结这两个因素。最为理想的情况是，他们成为一个能够良好合作的团队，完美互补、互相帮助。当然，也有不少兄弟姐妹的关系犹如狗遇到猫，只要一见面，战斗就打响了。

兄弟姐妹不仅会为获得父母的爱而竞争，还会因为一些其他因素而竞争。有的孩子感觉自己被忽视，有的羡慕别人的技能，还有的会觉得自己不如兄弟姐妹漂亮。大孩子嘲笑小家伙，“夹心”孩子因不被重视而觉得委屈。

有些父母会鼓励孩子相互比较，强化孩子的竞争意识。但父母还是应尽量避免将孩子放在一起进行比较。即便哥哥的运动能力比弟弟强 1000 倍，或是姐姐的美貌的确让妹妹相形见绌，父母也要避免这种无意义的比较，而应该赞扬每个孩子的特殊优势，让每个孩子都有机会在自己擅长的领域中发挥所长。

如果进一步分析孩子们的行为，您会有惊人发现：尽管兄弟姐妹在相同社会背景下的同一环境中成长，他们对同一事件的反应有可能迥然不同。虽然每个孩子都携带着父母的遗传基因，但也都具有自己的独特感受和感知力。这种多样性也会左右孩子的关系。例如，姐姐玛丽觉得弟弟卢卡斯非常有意思，便一天到晚围着他转，而后者却宣称他根本受不了这个愚蠢的姐姐。“这的确伤人，但这就是我的真实想法。如果我有任何鸡毛蒜皮的事情做得不合她意，她就会表现得心烦意乱甚至大发脾气。所以，我才不愿每天和她待在一起呢。”卢卡斯毫不留情地说。

在以绩效为导向的社会中，只有表现好的人才会得到奖励和认可，这种管理方法已经蔓延到了幼儿教育领域。

在幼儿园里，老师会把孩子们的绘画作品挂在教室的墙壁上展览。家长们站在孩子们的绘画作品墙面前，暗自将自家小艺术家的作品和其他小朋友的进行比较。“你看到小保罗梅尔的涂鸦了吗？我们的奥利弗画得可比他好多了，奥利弗画的奶牛简直活灵活现。”

孩子们自然不会忽视幼儿园老师和父母对自己的称赞，这奠定了“我更好”或“他做得比我好”的意识基础。在多子女家庭中，孩子们在学校中的个人表现更为重要，学习成绩和获得嘉奖的关系一般更为紧密。

儿童房里的竞争

毋庸置疑，竞争在我们的生活中随处可见。然而，孩子的竞争意识在很大程度上取决于作为父母的您是如何看待这个问题的。不要让家中的儿童房成为一个弱肉强食的鲨鱼池。给每个孩子机会，让他们在可能的范围内充分发展，成为最好的自己。

当一阵大声的争论导致儿童房地动山摇时，您是否倾向于放下手头的事情去干预一下呢？请您在介入之前，先在心里从 1 数到 100，因为孩子们往往可以自己解决争执。如果在一有争执的迹象父母就跑去救火的话，孩子们可能永远都学不会靠自己解决冲突。

更为重要的是，孩子们会从经验中发现，争吵有时可以作为达到某一目的的手段。因此，当父母在他们身边时，他们尤其喜欢大声喧哗或是激烈争吵。这意味着，如果您远离儿童房的各种无谓拌嘴，他们很有可能根本不会吵闹。他们会发现，既然没有得到预期的关注，那么争吵也就变得毫无意义。当他们和谐共处时，您再给予他们更多的关注，让他们认识到，与兄弟姐妹和平共处才是得到父母更多关注的正确方式。

如果您试图干涉孩子们的不和，则很容易陷入判定是非的困局之中。“谁先开始的？谁被冤枉了？谁必须先道歉或受到惩罚？”无论您是否愿意，当您介入后，就会不由自主地站在某一方的立场上批评另一方。

可您确定您的判定是正确的吗？其实，您不应该去判定谁是谁非，否则被您判定为“非”的一方就会变得愤怒、沮丧，感觉自己处在不利地位。在遇到这种情况的时候，您应以外交手段进行调解，让每个孩子都有机会从他的角度描述争执。试着去询问孩子们问题该如何解决，如果他们没有提出有价值的建议，您可以提供几个不同的方案，与孩子平和地讨论现在到底该如何解决争端。最后，选择一个对各方都公平的解决方案，即可圆满地解决问题。

您是否注意到，追究谁先挑起争端，其实根本没有意义，因为重要的不在于谁先开始，而在于您的孩子们是否认为自己得到了客观公正的待遇。您的公平对待可以带给他们信任感，巩固您作为调解人的地位。

然而，有时您也无法避免地卷入争执之中。例如，如果您的某个孩子尚无自卫能力，而另一个孩子无情地利用了这一点，当冲突超越了普通的打架而升级为暴力行为时，您就不能允许他们互相殴打或抛掷危险物品，而必须要介入提供帮助。

您要确保孩子们不会互相伤害，但无论是批评还是体罚，尽量不要惩罚进攻的一方，更好的方式是向孩子提供解决方案。“快停下，塞巴斯蒂安，你不能打人！因为弟弟把你的消防车扔到了地上，你非常生气，我可以理解。但你不能踢他，你可以在不伤害弟弟的情况下让他知道你气坏了，并让他明白以后不应该这么做。”

您是否有注意到，在孩子们尚未掌握大量词汇时，他们会通过实施暴力来让别人理解自己。所以，一旦他们出现意见不一致时，就可能出现激烈的打斗行为。但只要打闹控制在不伤害彼此身心的程度之内就无关紧要，这种打闹其实充当了孩子们释放愤怒的阀门。一个永远不会大声表达不满，并且永远不会在激动对阵时推倒对手，或者打对方一拳的孩子，最终还是会在某一时刻爆发。

正如我们成年人经常通过怒吼、咒骂、摔门或敲打桌子来释放怒气一样，孩子也需要释放压力。在他们还没有掌握唇枪舌剑的艺术之前，只能通过暴力来应对另一个人的挑衅。所以，孩子会吵闹、跺脚、把玩具往墙上扔，但不要担心，偶尔释放愤怒的孩子并不意味着他有暴力倾向。

不过，这种对“生气权”的辩护并不意味着孩子可以在儿童房里随意使用暴力。作为父母，您必须为孩子设置绝不可超出的界限。界限定在哪儿，不可一概而论。您可以个性化设置，什么是可接受的，什么是不可接受的。重要提示：每一个家庭成员都必须遵守此规则。当然，如有必要，应该反复审查规则是否合理与科学，需要的话，也可以重新制定规则。随着年龄的增长，孩子会变得越来越理智，他们之间的相处也会变得越来越得体。

“我花了很长时间才弄明白两个儿子之间到底发生了什么。”克劳斯说。他的两个儿子（5 岁的奥莱和 8 岁的斯文）经常打闹，而且动静总是很大。“有一天，我实在受不了了，”这位年轻的父亲回忆道，“儿童房里又传来吵闹声，而且地板隆隆作响，发出叮里哐当的声音。我跑过去一看，斯文正疯狂踩踏散落一地的玩具火车。我怒不可遏，要知道，我们不久前一起努力一块一块拼好的这辆玩具车，现在都被他踩烂了。我一边抓着穿着睡衣的斯文，一边把他往门外推，对他喊道：‘你到底怎么想的，把这么贵的玩具都弄坏了，你是疯了吗？这个月的零花钱你别想要了，你也不许看电视，清楚了吗？’斯文挣脱了，踢了一下火车后默不作声地跑到了外面。接着，我的目光落在了奥莱身上，当时，这小家伙给我的印象是，这一切全不关他的事。但他笑得很奇怪，我突然觉得事有蹊跷，于是又开始询问小家伙有什么是我不知道的。其实，斯文不是罪魁祸首，奥莱才是。奥莱故意弄坏玩具，目的就是激怒斯文。”

“可惜我当时没有马上察觉，相反，我认为斯文才是那个罪魁祸首，我冤枉了斯文。当然，我立即向斯文道歉，并答应他，作为补偿，我会给他买他期待已久的棒球装备。”克劳斯思考了一会儿后继续说，“我有些担心小家伙的行为。是什么让一个5岁的孩子想要用狡猾的计策来激怒他的哥哥？我从来没有细想过这个问题。我只知道小家伙总嫉妒斯文，但从没有想到他会这样做。”

贝蒂也讲述了她的经历……

“安妮的妹妹皮雅刚出生的时候，戏剧性的一幕上演了。有一次，当3岁的安妮站在婴儿床边上，想要用剪刀戳小皮雅时，我很是惊愕。我的第一反应是冲过去责骂她，打她屁股。安妮怎么变成了怪物？接着，我深吸一口气，把安妮抱起，让她坐在我的腿上。我问她：‘告诉我，为什么要伤害皮雅？你难道不喜欢妹妹吗？’她脱口而出：‘不喜欢。’我问她为什么，她回答说：‘因为你永远只抱着皮雅，从不跟我玩。’这下我弄清楚了，我一边琢磨一边回答说：‘你希望我有更多时间陪你，对吗？这我理解，但你得帮我照料皮雅。’她问我该怎么做。我说：‘你看，你中午的时候帮我哄皮雅睡觉，这样的话，我们就有足够的时间一起玩了。但是你得向我保证一件事，再也不伤害妹妹。’她点点头，回答说好。”

有时，父母并不容易发现大孩子嫉妒小婴儿，感觉一切似乎进展得很顺利，大孩子能坦然应对家庭状况的变化，并从第一天开始就接受了小婴儿。但慢慢地，父母发觉大孩子的行为好像不太对劲。我们再来看一个案例。

玛蕾娜说：“我们为了让安可迎接她即将出生的弟弟做足了准备。当我们带着婴儿从医院回家时，起初会有些不安，不知姐弟俩会不会相处融洽，但一切顺利得让我们觉得吃惊。安可很快就适应了姐姐这个新角色，并热心地帮助我照顾婴儿。在幼儿园里，安可也是充满自豪地以一个大女孩自居。”

“但不知不觉间，安可变了。”玛蕾娜继续说道，“她看起来满腹心事，变得沉默寡言，会无缘无故地哭泣，吃东西会挑食，直到抗拒去幼儿园。那天早上我送她去幼儿园时，她紧紧抱住我抽泣着说：‘我不想和其他孩子待在一起，我想和你在一起。可你只想把我送走，因为你不再爱我了！’”

“我觉得她不应该犯傻，毕竟，她已经到了该懂事的年纪了，应该知道我们永远不会把她送走。过了一段时间，我接到幼儿园老师的电话，老师说安可最近的行为令她非常担忧。她告诉我说，安可不再与其他孩子一起玩耍，总是一个人无精打采地坐在角落里，表现出明显的抑郁迹象。我当时觉得老师过于小题大做了，也许安可只是处于一个不想与别的孩子一起嬉戏和玩耍的阶段。”

“但几周后，事情真的变得严重起来。安可发高烧了，并且一直高烧不退。儿科医生给她开了药，她服药后病情依然没有得到缓解。”

“我妻子在安可床边一待就是几个小时。她一离开房间，小家伙的眼泪就淌下来了。”安可的父亲描述了当时的危急情况，“只有我妻子在她身边时，她才能镇静下来。无论是我、她的外公外婆，还是她最喜欢的保姆陪着她都无济于事。幸运的是，在我妻子完全没有多余时间的情况下，亲戚们可以帮忙照顾新生儿。”

“刚出生的弟弟就是问题所在，”玛蕾娜说，“我们花了很长时间才弄明白，安可因嫉妒而生病，她因无法接受父母对她的关爱变少而闷闷不乐。在她的眼里，弟弟夺走了父母全部的爱。起初，她曾试图压抑这种情绪，并像一个真正的大姐姐那样，自信地处理它。但到了某一阶段，小女孩的身体和情感都因这种挣扎而感到不适。我们通过给予她更多的关心，试图让她重新振作起来。通过这次教训，我们学会了如何均衡分配对两个孩子的爱。慢慢地，安可感知到她还会像以前一样得到我们的疼爱，且这份疼爱不会比弟弟所得到的疼爱少。尽管如此，安可担心失去父母的爱的情绪还是会时不时地爆发。安可会试图劝我不要一直忙于照顾弟弟，或者当弟弟睡前要吃奶的时候，她坚持要听我给她讲睡前故事。但总的来说，我们已经基本处理好了家庭关系，希望姐弟俩将来能更好地相处。不过最重要的是，我们已经充分认识到了这个问题。”

以上的几个案例表明，大孩子对于弟弟妹妹的攻击行为可能会令父母大感意外。在这种情况下，父母有时很难保持镇静并做出理智的选择。

众所周知，父母要给孩子树立榜样，给孩子讲道理、定规矩。但是，如果您自己没有将讲给孩子的道理转化为行动，您的说服力就等于零。孩子会以您的行为为导向，而不是您所说的话为导向。所谓言传身教，说的就是这个道理。因此，审视自己的行为非常重要。否则，您可能将不得不面对以下的场景。

您的儿子对他的妹妹使用了一个非常粗鲁的侮辱性字眼后，您批评他不能这样说话时，他便会振振有词地说：“别装了，您自己不是总这么说吗！”

育儿小贴士

- 不要偏爱新生儿
- 不要给长子女过多的负担，别忘了，长子女其实也只是个孩子
- 如果孩子嫉妒弟弟妹妹，请不要批评或惩罚他，因为在类似情况下，您可能也会有同样的感受
- 让孩子充分了解妈妈的孕期情况，这有助于减少孩子的担忧，做好迎接弟弟妹妹到来的准备
- 多花时间陪伴长子女以及“夹心”孩子
- 学会倾听孩子的心声，而不是粗暴责骂
- 兄弟姐妹间的小问题，请让孩子们自行解决

无休止的争夺战

CHAPTER 3

不得安宁

在本章中，您将了解到——

- 为什么小孩子爱说大话？
- 当孩子进入青春期，您将面对的是什么，而您又该如何应对？
- 在权威和自由之间，该如何找到平衡点？
- 如何管教固执倔强的孩子？

挑衅者

4 岁的托比亚斯是一个好斗的小家伙，哪怕最小的生活细节也能被他抓住，令他犯起执拗的毛病或是大发雷霆。他有时会在地板上打滚，有时会把拳头伸向兄弟姐妹，整个家庭都受到他的影响。如果家人想在周末一起去户外游泳，他一定会找碴儿：“天啊，又要去那个又老又破的游泳池，我宁愿去动物园！”如果两个哥哥想和朋友一起出去玩，托比亚斯的喊叫声能把屋顶都掀翻：“汉拿和汤米必须待在家里，不然我也要去！你们都太可恶了。”

如果家长或其他孩子为了得到安宁而任其发脾气，

那么小家伙已经达到了他的目的。这种“成功”经历会被储存在孩子的大脑里，可用于将来的任何场合。“大吼大叫看来是有用的，我叫的越大声，达到目的的速度就越快。”

当然，两个哥哥也不笨，他们凡事尽可能瞒着托比亚斯。“喂，你小声点儿，要是让托比亚斯知道了我们今天下午要去踢足球，他又该发神经了。”所以，即便小家伙哀求哭泣，您也别逼着大孩子带着他。把孩子推向一些并非每个人都愿意与其一同参加的集体活动毫无意义，而如果您坚持，只会挑起孩子间的争吵。

更加明智的做法是给那个固执的小家伙提供更具吸引力的其他选择——“瞧，汉拿和汤米今天想和他们的朋友一起玩，我想你能理解吧，你搭积木的时候，不是也不希望别人来打扰吗。所以，你不要哭哭啼啼，我有个好主意，咱们去玩旋转木马吧，这样的话，明天早上吃早餐时，你和哥哥们可有的说了。”

托比亚斯一直追着哥哥们可能还有其他的原因，也许他还没有办法给自己找些乐子。一旦您让他去儿童房玩，他可能很快就跑进厨房，让您无法安心做饭。

其实，并不是所有孩子都有独自玩耍的天赋，但他们又必须学会自己找事做。这个过程最好通过不断的尝试来完成。想想您和孩子第一次一起完成的事情，例如，每个人都画一幅画来回忆刚刚结束的旅行，如果您发现孩子能从中得到乐趣，请让他下次为您画一朵美丽的花；或者你们可以一起玩拼图游戏，并激发他独立完成的信心；又或者你们一起做手工，给玩具娃娃换衣服等。这样的可能性列表无穷无尽，让您的想象力自由驰骋，相信您肯定能找到让孩子欣然接受的独立活动。

处于对抗阶段的儿童往往让人难以忍受。在您第 N 次怒气冲冲之前，您要知道，2~4 岁的孩子喜欢挑衅是正常的，这也是孩子成长的一部分，这个年龄段的孩子正处于探索自己性格的阶段，想要初次尝试切断对大人的依赖。他的个人意志会变得越来越强大，他会希望自己能完成所有的事情。他不想再被人帮助，会想要尝试按自己的想法做事情。但他会遇到阻碍——因为他能力不足，或因为您给他设置的禁令，总有这样或那样的原因，使他无法自行完成某件事情。一旦孩子遇到阻碍，他就会觉得很憋闷，无法解决问题的绝望和愤怒会让他回到对抗模式，“我不想做你要求我做的事情”。拒绝的理由在成年人看来大多是愚蠢幼稚的。例如系不好鞋带这件小事，就足够令孩子情绪爆发。他会因自己的无能而愤怒，最后变成无理取闹。您不得不发问：“我到底该如何正确回应孩子的对抗模式呢?”

您最好冷静应对，耐心等待孩子平静下来。您不要对这种戏剧化场面妥协，不然，下一次他又会用发神经的方式来推行他的想法。您可以尝试通过其他事情来转移他的注意力，从而安抚他的情绪，例如，“抱歉，宝贝，家里没有饼干了。不过宝贝，你快看，外面的树上有只小松鼠”。但在某些情况下，您必须进行干预，尤其是当孩子的情绪有些失控甚至会伤害到自己时。同样，您也不必眼睁睁看着瓷器被他摔碎，或者书飞出窗外。

孩子乱发脾气虽然不能预防，但您可以试着控制孩子乱发脾气的频率，同时尽最大努力支持孩子对独立的渴望。让孩子自己决定他能够决定的事情。例如，早上不要把毛衣放在他的床上，而是让孩子选择自己想穿的衣服；给他买冰激凌时要询问他想要的口味；让他来决定周日是去游乐场，还是去野餐，或者去看魔术表演。如果孩子觉得难以选择，那么您可以引导他做出选择。“我担心一会儿会下雨，我们一起去看魔术表演好吗？在室内我们不会被淋湿，听说这次来表演的魔术师曾获得过很多国际大奖呢。”

给孩子一个缓冲的时间去转换手头正在做的事情。例如，不要对孩子说“马上结束游戏，我们要吃饭了”，而应该说“等到六点钟爸爸回家后，就是我们的晚餐时间了”。让孩子提前做好准备，慢慢结束手头上正在做的事情。这样，他也就不会有对突如其来的变化做出对抗反应的理由了。

父母应保持自己行为的一致性，让孩子能够完全信赖您。“不行”就是“不行”，“行”就是“行”。朝令夕改只会引起混乱，通过这种一致性，让孩子知道底线在哪儿，而不是一切都可以按照他的想法为所欲为。同时，他也可以信任父母，因为父母说话算话。

禁令对孩子来说可能是一种消极体验，您可以帮助孩子正确应对。虽然对抗通常是对某件事物反感的一种表达方式，但它也支持着孩子走向独立。借此，孩子将学会更好地处理冲突，并意识到他有时也必须学会妥协。

这种认识会大大增强其社会行为能力。您将看到孩子逐渐变得更愿意妥协，也更容易适应环境，并更多关注他人。

终有一天，家人会感到宽慰，让人筋疲力尽的抗争阶段终于结束了。在新风暴来临前，享受平静时刻吧。青春期的叛逆力量还会翻倍，我们稍后讨论这个话题，因为接下来，我们先来讨论一个完全不同的主题。

幼儿园里的男子气概

3 岁的蒂莫下周即将成为上幼儿园的“大人物”。最近，他对时尚表现出了强烈的兴趣。幼儿园为孩子们准备了一些特别的衣服，很酷的工装裤、棒球帽，还有像隔壁的马克西米安穿的那种运动鞋。此外，还有蒂莫上次和妈妈一起在城里闲逛时买的一个小熊外形的五彩背包。

父母觉得小家伙突然觉醒的时尚意识很有意思，经历了一次没有抱怨和刺耳叫声的逛街过程，对父母来说，真是一种独特的体验。

周一，蒂莫从头到脚焕然一新出现在了幼儿园。在接下来的几周里，一切都显得轻松自如。小家伙给父母一种情绪稳定的印象，热情地汇报在幼儿园里学到的东西，并且第二天早上又迫不及待地出发去上学。直到老师打来电话，希望和蒂莫的父母谈一谈。

蒂莫的父母这才大吃一惊，蒂莫所追求的男子汉气概令他成了一个真正的麻烦制造者。“蒂莫在幼儿园里总是以老大自居，不给其他孩子表现的机会。如果您能让蒂莫改掉这种自大的行为，我将不胜感激。”老师对蒂莫的妈妈说。

蒂莫的妈妈若有所思，回想起过去这段时间，蒂莫的确表现得过于争强好胜。例如，他经常试图激怒他 9 岁的哥哥，“敢和我打赌吗，我可比你要强壮！”哥哥不肯示弱，于是，两兄弟间的一场格斗在所难免。对待妹妹，蒂莫也会如此，“笨蛋，你就是个小屁孩，去妈妈那里拿奶嘴吧”。敏感的卡琳哭着跑去跟妈妈说：“妈妈，蒂莫为什么总对我这么凶呢？”

蒂莫的妈妈决定晚上与爸爸商量一下，看应该如何解决这个事情。也许蒂莫的爸爸会想到一个好办法，让蒂莫改变高高在上的态度。但晚饭时，蒂莫做出了一件让人失望的事情。他不小心把土豆掉在了地上。爸爸说："蒂莫，你就不能小心一点吗？你已经学会用刀叉了。"蒂莫突然竖起中指说："你管我呢，老笨猪！"

父母不应该对孩子嘴里冒出的脏话有过激反应，学龄前的儿童喜欢用脏话来测试大人的反应。当孩子意识到可以用这样的表达方式让大人惊慌失措时，他们会兴奋，然后继续加码。所以，父母对孩子的这种表达关注得越少，孩子就越发觉得无趣。当孩子骂脏话时，父母请保持冷静，而不要马上怒形于色。很多时候，孩子的脏话并不是想要冒犯或攻击您，想成为"大人物"的他们只是想用这种表达方式证明：我是老大，我无所不能。

当然，您应该向孩子说明他不应该这样说话，如果孩子再次说出令人尴尬的脏话，请忽略它，然后冷静地告诉他，类似的话您再也不想听到，并确保他充分理解了您的意思。如果孩子继续说脏话，您必须采用更有力的说辞："说说看，你想惹恼我吗？你到底怎么了？为什么这么说话？告诉我，我们可以一起解决问题。"

同自己或他人和解，对青少年来说不容易

孩子进入青春期，往往意味着田园牧歌式的家庭生活从此画上了句号。因为这一阶段是青少年迈向成人的艰难历程。

有些家长并没有认识到，青春期是该慢慢放手的时候了。然而，孩子对独立的要求越强烈，父母的控制和禁令往往越严格，结果造成了一次双方都必然面临失败结局的斗争。

父母对孩子的一切放任自流则是另一个极端。对于孩子去哪里以及与谁一起去，父母并不关心，这是一种极不负责的态度，给孩子一种父母对他们漠不关心的印象。此外，父母的掉以轻心会增加孩子走上歧途的危险。

当然，还有这样一种父母，表面上他们给了青春期的孩子很大的自由，但实际上，他们掌握着孩子的一切事务。结果，孩子仍然无法真正自由发展。连接他们与父母关系的纽带不仅没有松动，反而伴随着每一次断开的尝试而变得更加牢固。

在青春期这一关键时期，家长与孩子相处的几条原则：

1. 不要批评孩子的穿着、热衷的音乐和爱好。您觉得难看的玩意儿，青少年可能认为超级酷。

2. 不要干涉孩子，但永远做好幕后准备，青少年也会需要父母提供紧急援助。

3. 设置可接受的底线，给孩子一些回旋的余地，如果孩子越过了底线，给他第二次机会，这样做能进一步巩固您与孩子之间的信任关系。

4. 尝试与孩子建立一种全新的关系——逐渐远离父母的权威，走向平等的伙伴关系。

5. 从容应对挑衅，不要通过揭短或嘲笑的方式来报复孩子的粗鲁行为，因为青少年很敏感。

6. 对孩子适当放手，以便他们能积累经验，人都是从错误中吸取教训的。

7. 不要凡事都与孩子绑在一起，如果孩子想和朋友一起去听摇滚音乐会，您不要觉得失落。

8. 和您的父母交流养育经验，可能对您大有助益。

年幼的弟弟妹妹往往弄不明白，可爱的大姐姐为何突然就变成了一个不可理喻的蠢人，或者宽容的大哥哥再也不愿与自己一起踢球，每时每刻都与他的小团体成员待在一起。兄弟姐妹因为年龄和性格不同，对同一件事会有不一样的反应。已经迈入青春期的少年会带着疲惫的笑容向过去致意。然而，年幼的弟弟妹妹却觉得哥哥姐姐的叛逆行为还挺酷。因此，有可能您的女儿 9 岁就开始尝试在镜子前涂眼影和口红，10 岁的儿子把挂在床头上的狗宝宝的照片换成了朋克乐队的海报，因为他们希望像哥哥姐姐一样酷。

在特别亲密、真诚的兄弟姐妹关系中，年幼的孩子往往无法理解哥哥姐姐逐渐减少了与家庭成员互动的原因。他们不明白为什么哥哥姐姐开始想要走自己的路，为什么全家出游突然变得很可怕，为什么周末下午的大富翁游戏变得很无聊。他们甚至会被处于青春期的哥哥姐姐推开，“让我一个人安静一会儿，你这个小东西”，曾经亲密无间的大家庭出现了裂痕。在这种情况下，教导青春期的少年处事要成熟理智其实是毫无用处的。

眼下，家中小妹完全无法理解哥哥宾和斯蒂芬的所思所想。斯蒂芬作为一个小团体的头目，他不可能向弟弟妹妹吐露他在小团体里的地位可能不保，会失去号召力这件事。宾则希望与他的好友汉科出去玩，自然不愿把小妹带在身边以致被嘲笑是“超级保姆”。

此时，父母要有同理心。告诉妹妹，宾和斯蒂芬正处于一个复杂的阶段。“你知道吗，哥哥们在慢慢长大。你可能已经注意到，他们的声音变得和以前不一样了，他们甚至会长出胡子。不久以后，他们每天早上都要像爸爸一样刮胡子。但成为大人并不容易，这个时期，他们不再是孩子，但也还没有真正长大。这就是宾和斯蒂芬有时表现得非常古怪的原因。你不要太在意，多给他们一些私人空间吧。如果他们对你真的很凶，那你就告诉我，我来批评他们。没有宾和斯蒂芬，我们也可以一起做一些有趣的事情，你说是不是？”

男孩比女孩更具侵略性，行为研究人员早就对此发表过评论。父母和老师也都分享过类似的看法，认为大多数男孩爱拳击和格斗，更倾向于攻击，但这并不意味着女孩们就是“纯洁的天使”。

事实上，许多女孩都熟谙迂回攻击他人的方法，而且非常善于把自己的攻击方式完美地隐藏起来。女孩的欺凌行为更加微妙，主攻他人的心灵。包括恶意传播谣言、操纵他人、故意排挤他人，或以割断友谊作为威胁。与男孩明显的攻击或欺凌行为相反，女孩的攻击性行为大多不易被察觉，因而攻击者往往不会被惩罚。女孩的口头攻击通常针对会对方的弱点，给对方以伤害。例如，她们会攻击别人的身材缺陷，相貌平平或运动能力差等。这些方面的嘲讽会使人失去自信，而攻击者的自我感觉则会越来越好。

如果您发现您十几岁的女儿欺负她的好朋友，您可能很难听到她对您坦白自己的错误。您可以问一下她的同学或查看一下她的网上发帖。也许，您会在那里获得真实的信息。

“这里谁是老大?”晚上，当您拖着疲惫的身子回到家，听到来自儿童房的争吵声，您心中一定充满了无奈和焦虑：别再这样了！我们家的三个孩子是不是永远都要吵个不停？

造成孩子们长期纷争的原因有很多，前文中已经提到了一些。此外，夫妻不和也会导致某个孩子产生想要在兄弟姐妹间占据主导地位的想法。通常，长子女会在兄弟姐妹中扮演教育者的角色。在父母不在家的时候，长子女会觉得他有权扮演家中发号施令的角色，这也难怪弟弟妹妹会拒绝这种设定。“霍格那和卡琳，你们现在把玩具放到架子上！”“好的，等一会儿。”“不，就现在。”“别激动，我们会收拾的。”“不，你们不会，你们只是动动嘴皮子，东西还是到处乱扔。好吧，我也帮你们整理一部分，妈妈回来后看到我们整理好了，一定会非常高兴。”

长子女为什么想要扮演老大的角色？因为第一个出生的孩子往往以表现为导向，总是想做正确的事。很多时候，他们会将这种对完美的渴望转移到他人身上。他们照顾弟妹、保护弟妹，有时甚至会过了头。如果孩子间的年龄差距很大，这种情况可能会更为明显。一般来说，年幼的孩子会接受大孩子的领导，因为他们对先来后到的长幼排序非常认同。

父母也经常支持长子女管教弟妹的行为。“如果没有我的大女儿，我真不知道该怎么办才好。”一位母亲赞扬道，“她在家里帮我做家务，确保弟弟能按时到幼儿园，还会监督弟弟做作业，我为我的女儿感到骄傲。”

尽管如此，长子女也不能代替父母的角色。教育弟妹不是长子女的职责。同样，每当儿童房里出现矛盾时，您不能总让长子女担责。换句话说，孩子毕竟还是孩子，不要因孩子是长子女而给他过多的压力。您应该把兄弟姐妹的关系放在平等、民主的基础上来教育孩子，长子女不是独裁者，弟弟妹妹不必事事都听从哥哥姐姐的指示。您可以和长子女单独谈谈心，教他如何与弟妹互动，负责任但不专制，做事合理又明智。这样，儿童房里的氛围肯定能变得轻松愉悦。

性格迥异的兄弟姐妹

虽然兄弟姐妹的外表大多看起来很相似，但性格却是千差万别。比如菲利普和埃里克，年龄稍大的菲利普是一个敏感的小梦想家，总沉溺于个人想法，而他的兄弟埃里克却是一个真正的冒失鬼。在埃里克看来，没有哪棵树高得爬不上去，而且他总是不可避免地与他人打斗，从早到晚都处于亢奋状态。埃里克与菲利普两人的性格就像冰和火一样，差异巨大。菲利普会非常温柔地拥抱母亲，把自己的东西放得井井有条，喜欢独立自主学习。埃里克在跌跌撞撞中茁壮成长，喜欢自由攀爬，还经常带一大堆朋友回家。

作为父母，您必须要小心谨慎地处理性格相异的两个孩子相处时发生的磕绊，比较困难的部分是公平对待他们。如果您其实更喜欢温柔的菲利普，那么仅把它作为心中的一个秘密吧；如果埃里克是您的绝对骄傲，您也尽量不要表现出自己的偏爱。因为孩子能感觉到父母是偏爱自己还是兄弟姐妹。因此，您需要练习如何均衡分配您对孩子的爱。

减少兄弟姐妹之间的磕绊的另一种方法是让他们暂时分离。将埃里克送到柔道班，让菲利普去上钢琴课；为敏感的梦想家送上一对溜冰鞋作为生日礼物，给冒失的小家伙送一套有趣的《哈利·波特》作为圣诞礼物。此外，您为全家人计划休闲活动时，也要考虑这项活动是否能让所有家庭成员都获得乐趣。是穿越森林来个野外探险，与珍稀动植物零距离接触，还是花几个小时打迷你高尔夫球，又或者在湖边野餐、玩踩踏船。如果这个周末，您决定带两个孩子去现场观看幼子最喜欢的冰上曲棍球俱乐部的比赛，那么下个周末，全家人则可以一起去长子感兴趣的天文馆里探索永无止境的太空。通过这种方式，说不定有可能让孩子们对兄弟姐妹的爱好也产生兴趣。

无休止的争吵

孩子非常清楚父母之间发生了什么问题。特别是当家庭氛围非常压抑的时候，孩子能感受到父母之间的不和，甚至会因此而产生攻击性情绪。为了释放这种情绪，他会和兄弟姐妹发生激烈的争执，儿童房就此成了他的战场。对于家长来说，最有效的方法是，不要试图逃避夫妻之间的问题，夫妻彼此诚实相待，为孩子提供出现分歧时处理问题的良好解决办法。通过这种方式，孩子可以尽早了解威胁对方并不是解决冲突的正确做法，不伤害、不冒犯才是处理问题的正确办法。

如果您正处于非常严重的婚姻危机，夫妻双方没有和解的可能，那么请不要试图让孩子选择站哪边，因为这样会让他们陷入无解的两难中。他们到底应该选择谁？毕竟，爸爸妈妈他们都爱，让他们不再喜欢父母中的某一方是强人所难。与此同时，这还有可能会导致兄弟姐妹之间出现激烈的争执，因为爸爸阵营或妈妈阵营一旦形成，孩子们的分化局面对整个家庭来说都是有百害而无一利的。当您和伴侣和解时，是否考虑过该如何缓解孩子之间的隔阂？在这种情况下，您不能简单说一句“一切都回到了原点，妈妈和爸爸不再吵架了，我们还要像以前一样相亲相爱”就万事大吉了，孩子们是无法消化他们所经历的这戏剧化的家庭冲突的。对孩子们来说，可能需要很长一段时间，他们才能恢复与父母双方的初始信任关系。

兄弟姐妹之间的争端往往是错误的教育方式导致的结果。有些父母会实行绝对独裁的教育方式，而有些则相反，他们让孩子在没有约束的前提下自由成长。其实，这两种方法都容易导致争端的发生，孩子需要通过“游戏规则”来学习尊重和重视他人。

令人疑惑的烦恼

没有一个家庭能做到每天都是和谐与欢乐的。

“我们的菲利克斯本来是一个很有爱的男孩，我和他爸爸对他很满意，”艾米丽说，“但令我非常恼火的是，一旦他用过浴室，那里就一塌糊涂。牙膏盖没有拧紧，毛巾皱巴巴的，肥皂可能会被扔在任何地方，反正就是不在它该在的地方。菲利克斯每次洗澡后都会发生浴室大淹水事件，浴室变成一个湖泊，我们简直要划着船进去。他 6 岁开始就是这样一副邋遢的样子，最近我还发现弟弟很容易模仿哥哥的做法。”“你知道吗，亲爱的，你用过之后的卫生间是什么样子？”艾米丽向丈夫提出了一个尖锐的问题，“如果不是我每次跟在你后面收拾，那里简直一片混乱。我们的儿子只是从他父亲那里有样学样。当然，是一个坏榜样。”“真的吗？”格雷戈尔说，“好吧，我以后一定注意！”

上面这个案例表明，孩子不仅会从哥哥姐姐身上学到坏习惯，也会从父母身上学到坏习惯。因此，父母应该改正自己的坏习惯，为孩子树立一个好的榜样。

“我们有两个儿子，5岁的里昂和3岁的本尼。最近，弟弟本尼在分享物品这件事上总会与他的哥哥产生分歧。本尼不想与别人分享任何东西，他喜欢把玩具车全塞到自己的袋子里，而不愿给哥哥留一个。”卡特琳这样描述说，“里昂当然很生气。因为他已经懂得应该与弟弟分享东西，并且也毫不费力地做到了这一点。但现在他已经不认为该与本尼分享他的一些玩具了。让里昂花时间在别的东西上也没什么用，比如当他开始用乐高积木盖房子，本尼进来后，就会破坏它。搞破坏是本尼最喜欢干的事情之一。如果我斥责他，他就会收敛些，然后朝我一笑，暂时放过他哥哥的积木。我所能做的就是将两人分开。让里昂继续在儿童房玩耍，同时我把小家伙带到厨房或外面，希望能分散他的注意力。”

有些父母的意图是好的，希望尽可能尊重孩子的想法，让他们参与到家庭的重大决策中，但太多的家庭讨论和民主氛围对于年幼的孩子来说其实是没有必要的。苏珊娜和霍格勒，还有他们的两个女儿就经历过这种状况。

“莉娜5岁，比尼尔大1岁，最近她刚入学。从一开始，我们就尽可能给孩子更多的自由。例如吃饭，女孩们可以自行决定吃什么早餐。包括穿着，我们也不干涉她们。”苏珊娜这样描述她的自由教育原则，“当然，我会带她们一起去购物，让她们挑选自己想要的东西。”

“看电视也共同做决定。”霍格勒也说起来，“我们已经非常照顾女孩们了。只有她们上床以后，我们才能看一些不限于儿童看的视频。”“自从尼尔上学后，她对于共同决定一些事情不再感兴趣。她经常说：‘妈妈，就按你想的去做吧，我真觉得无所谓。’此外，莉娜最近的反应也颇让人烦恼。她不再自己穿衣，坚持让我从衣橱里挑好衣服后再帮她穿上。吃早餐时，她也不再事先决定好自己要吃什么。因此，我不得不提供玉米片、燕麦、可丽饼等很多选择。其实如果莉娜想吃的话，我还愿意给她煎个鸡蛋，但不知为什么，她就是不知道自己想要什么，到底哪里出问题了呢?”苏珊娜疑惑不解地说。

其实，在追求家庭自由和民主的过程中，如果父母将所有事情的决定权都交给孩子，会令孩子产生心理压力。当然，孩子会想做一些决定，但凡事都要自己做决定，对他们来说，会是一个很沉重的负担。所以，父母还是应该帮助孩子在一些事情上做决定，让孩子不会因为每天要做过多的决定而烦恼，从而产生不必要的心理压力。

育儿小贴士

- ○ 父母不要在兄弟姐妹争吵时扮演法官，在“有罪”与“无罪”间做出判断
- ○ 父母不要单独惩罚孩子，这会加剧孩子间的冲突以及他们受到不公平待遇的感觉
- ○ 父母要保持冷静，尽量避免冲动的行为，斥责或打骂只会进一步激发孩子的抵抗情绪
- ○ 父母切勿对孩子使用暴力
- ○ 父母找到引发孩子间争端的原因，帮助各方找到满意的解决方案
- ○ 让孩子通过独处的方式释放内心的愤怒，然后冷静地与他谈谈目前所面临的问题

“丑小鸭”与“白天鹅”

CHAPTER 4

令人气愤的比较

在本章中，您将了解到——

- 为什么父母不应该将孩子拿来比较？
- 如何让兄弟姐妹在竞争中突出个人优势？
- 为什么双胞胎的情况很特殊？
- 如何有针对性地促进每个孩子的强项？
- 为什么您不应该在有外人在场时夸奖或批评您的孩子？
- 给孩子太大压力会导致致命后果。

“丑小鸭”与“白天鹅”

12 岁的索菲在各方面都是佼佼者。她学习成绩优异，很有运动天赋与同龄人相比，她不仅网球打得好，而且无须人督促就会自觉整理好东西。索菲长着一头黑色卷发和一双蓝色眼睛的索菲看起来可爱又迷人。所有人都十分喜爱这个 12 岁的小姑娘，只有一个人例外——她的妹妹安妮卡。和父母、亲戚及朋友完全相反的是，安妮卡根本不认为“超级”索菲令人钦佩，反而觉得她让人难以容忍。最近，因为索菲，安妮卡的情绪一天比一天坏。“看到了吗，安妮卡？你姐姐数学又得了 1 分①。你要以索菲为榜样，对自己严格一些，改变你总是得 3 分的现状。”安妮卡总会听到父母对她这样的要求。

不仅在成绩上安妮卡对姐姐望尘莫及，当所有人都对姐姐的美丽赞叹不已的时候，安妮卡受到的打击更为严重。安妮卡看到镜子里胖乎乎的小女孩，不起眼的棕色头发，下垂的嘴角。“你别在这里晃来晃去的，”母亲心烦意乱地说，“你的 T 恤早就该洗了。索菲总是很注意形象的。你如果再这样下去，将来永远结识不到一个不错的小伙子。”安妮卡低下了头，强忍着泪水流下。

安妮卡并不愿意就这样甘拜下风，她心想：“只要我努力，爸爸妈妈会像爱索菲一样爱我，他们也会为我感到骄傲。”

在接下来的几周里，安妮卡为了满足父母的期望而努力学习，但她并没有得到她所期望的认可。当安妮卡自豪地展示自己听写得到的 2 分的好成绩时，索菲在游泳比赛中拿到一等奖的事情再次引起了所有人的关注。在大失所望之后，安妮卡尝试和父母亲热一点。她坐在爸爸的腿上

①德国中小学教育评分实行 1~6 分制。1 分成绩最好，4 分及格，5 分、6 分都属于不及格。

撒娇，希望得到宠爱，她像小狗一样寸步不离地跟着妈妈在屋里走来走去，扮出一副无助的样子博取父母的关心，但她的策略并没有奏效。“嘿，安妮卡，让我安静读会儿报纸，一会儿有时间我再陪你。”父亲说。“安妮卡，你自己肯定也能把自行车从地下室拿出来。”母亲说，“我不明白你这是怎么了，索菲像你这么大时比你独立多了。”

安妮卡实在受不了了，她火冒三丈，对人见人爱的索菲充满了愤恨，她抓起索菲最喜欢的上衣，用剪刀把它剪坏。事后，这个小坏蛋并没有说出一句道歉的话。几天后，索菲主动退让说：“安妮卡，别那么固执，我不生你的气了!”但表面上的和解是具有欺骗性的，两姐妹之间的分歧一次又一次地出现，这让父母越来越茫然。“为什么两人不能友好相处？索菲竭尽全力地取悦安妮卡，可安妮卡却并不领情，我们所有人都觉得安妮卡很难相处。”

毫无疑问，这个案例中的父母很不明智。把兄弟姐妹当作自己学习的楷模，是孩子们根本无法长期忍受的事情(其实成年人也很难做到这一点)。如果办公室里的同事经常在您面前称赞另一位同事，让您效仿，您会有什么感受？您当然不乐意。一旦您被反复要求以别人为学习榜样时，即便您本来想向他学习，这种念头也会很快烟消云散。

当然，兄弟姐妹之间的比较也是正常的事情。正是因为他们大部分时间都待在一起，了解彼此的优点和不足，相互比较有助于他们能力的提高，并促使他们发现自己与众不同的优势。“爱丽丝弹钢琴比我好，而我在室内体操方面要比她棒。”孩子都想获得兄弟姐妹的钦佩，想胜过其他人。其实，他们本是将彼此视为榜样的，直到父母通过赞美或批评介入其中。

孩子的天性本来就各不相同。如果姐姐因为乖巧、爱整洁和勤奋而受人瞩目的话，那么妹妹则可以通过冷静的个性或自由洒脱的态度来突出自己。当然，也有的兄弟姐妹在同一个领域里取得成功，例如网坛姐妹花威廉姆斯，但这种情况其实相当罕见。在大多数情况下，孩子会拥有各自的天赋，并努力施展自己的才华。

在承认和欣赏对方成就方面，兄弟姐妹之间是没有问题的，尤其是在幼儿园或学校里，同学中有自己家里的高手总是好事。“今天下午，我们会在家庆祝我弟弟在乒乓球俱乐部青年锦标赛中赢得了奖杯。”孩子知道听者肯定会羡慕，因为一流的运动员弟弟不是每个人都拥有的。

双重比较——双胞胎是一个特例

从诞生的第一天开始，同卵双胞胎就面临一个问题：他们从不被视为个体，而总是作为双胞胎被看待。通常，他们还会被父母用相同的服装来强调他们的相似性。与其他兄弟姐妹不同，双胞胎一直是被关注的焦点，并时常被拿来比较：谁更高？谁更聪明？谁做得更好？这种不断的对比导致双胞胎产生更强的竞争意识。对于双胞胎来说，他们都不愿意承认对方比自己更厉害。

此外，作为一个强大的二人组，由于关系过于亲密，双胞胎很难发展独立个性。在这种特殊的手足关系中，凡事通常会由其中一个孩子说了算。调查显示，大约 3/4 的双胞胎都是这种情况。通常，先出生的占据领导地位，而后出生的往往会接受这一状况，处于被领导的位置。如果双方在这种角色分配中感觉良好，父母则无须干预。但是，如果领导者越来越明显地压迫和利用被领导者，父母就不应该袖手旁观。此时，父母有必要将处于劣势的孩子从另一个孩子的阴影中拉出来，并单独帮助他的发展。在极端情况下，父母甚至需要将他们送到不同的幼儿园和学校上学。

作为双胞胎的父母，您应当尽早帮助孩子找到自己的身份认同感。虽然双胞胎在外貌上相差无几，但他们是两个独立的个体，有自己的性格及行为方式。因此，父母从一开始就应将双胞胎中的每个人视为独立个体，而不要总是将他们视为不可分割的整体，应支持他们各自的发展，鼓励他们单独行动，建立各自的朋友圈。

让每个孩子根据个人能力和爱好来定位自己。如果一个想加入体育俱乐部，而另一个想参加绘画班，这又有什么问题呢。双胞胎不是一个整体，不必一起做所有事情。并且，父母应尽可能避免将二人进行比较。因为双胞胎常常将父母对另一个“自己”受到的表扬视为对自己的批评。例如，如果您告诉双胞胎中的弟弟，他的哥哥真是个聪明的孩子，那么他很容易就会觉得自己并不聪明。因此，在一个孩子面前进行对另一个孩子的积极或消极的评价，都是不明智的行为。当然，这一条不仅仅适用于双胞胎。

“当我比较孩子们时，我只想督促不太优秀的那个变得更好。兄弟姐妹间相互竞争没有什么不好!”当很多父母被问到“兄弟姐妹间的竞争”这个主题时，这就是他们的观点。可惜这种想法有失偏颇，因为这样的比较往往会产生相反的效果。

您想要激励孩子，但孩子只会想到对方在某一方面的优势，而完全不会想在同一方面有更好的表现，因为家里已经有在这一方面做得很棒的人了。而被您拿来作为榜样的那个孩子也可能因此突然不想再继续努力了，因为他意识到只要他取得了好成绩，与其他孩子在一起时总会矛盾重重。因此，他可能会收敛自己的锋芒，以免惹别人不高兴。他会认为，只要大家能愉快相处，那么放弃自己的优势也是值得的。但也有可能，您的榜样孩子已经喜欢上了自己扮演的角色，并渐渐认定自己比其他人更优秀。这种自我评估不仅会导致他变得傲慢，还会使他总爱对兄弟姐妹进行约束和管教。这样的行为肯定不会让其他孩子服气，最后便会导致其他孩子对其一致反抗。

这时，如果您放任孩子相互对抗，还可能会产生极其糟糕的后果。“汉纳斯总是把垃圾乱扔，而你事不关己高高挂起，你为什么就不能帮一下呢?”“好吧，瑞吉那，如果我是你，我肯定受不了。你知道你姐姐背后怎么说你吗?我从来没想到你会这样!”不难预料，您的话将会引起一场激烈的冲突。

比较会带来伤害。对一个孩子的赞美同时也意味着对另一个孩子的责备，会引发手足间的不和谐因素。因此，请您不要以比较的方式评价孩子的表现，而采取其他方法去有效地支持孩子。

成为孩子的伯乐

孩子们在外表、才能和性格特征方面都会有所不同，不应该被拿来互相比较。因此，作为父母，最重要的是要客观地认识到每个孩子的个性和能力。孩子不应该因其特质被偏爱或被漠视，被爱得更多或更少。

如果您已经持有这种态度，那么您已经做得很棒了，当然您还可以做得更好。例如，您可以鼓励孩子发挥他的个人优势；当孩子做得很好的时候，您一定要不吝赞美；如果孩子首次尝试某件事没有成功，您可以鼓励他说："没关系，第一次没做成很正常。想想看，当你第一次穿上冰鞋开始溜冰时，你一次又一次地摔倒，认为自己这辈子都没办法在冰面上滑行了。可现在，你溜得非常棒。所以，我相信你也能很快成为网球好手！"

如何发现孩子在哪些领域有天赋呢？如果您发现，孩子在没有您的干预或建议下，即对某个特定领域感兴趣。

例如您发现孩子经常参与某种运动或是绘画、音乐活动，沉浸其中不会被任何人或事分心，那么他很有可能在这方面就具有天赋。进一步的迹象则表现在他对该领域的信息如饥似渴，能做出有效行动，对该领域相关事物的评论显示出不同寻常的敏感性。

有些父母在发现孩子的天赋后会表现出过度的野心，想通过魔鬼式的训练来促进孩子的发展，这又要说到众所周知的一个词了：拔苗助长。仅限于一个领域的过度培养可能会妨碍孩子的整体发展，并会导致孩子其他技能的荒废。所以，父母没有必要刻意培养孩子某一方面的才能，给孩子足够的空间自由发展其实会更好。因此，不要过多干涉，执意让孩子朝着您期望的方向发展。孩子迟早会有针对性地投入自己最喜欢的领域，到时候您只要无条件支持他就可以了。

“你肯定可以做得到！”

不是所有的孩子都是漂亮、才华出众、具有亲和力的。有的孩子会展翅翱翔，他们似乎毫不费力地掌控一切；有的孩子缺少自信和才能，他们必须费尽力气才能获得成功。

在强者面前展示自己的弱项，对弱者是不公平的。即便有些父母认为只有从小开始培养孩子的竞争能力，孩子未来才能在社会中立足。但事实上，给予在成长初期智力或体能上并不完善的孩子个人发展方面的有力辅助才是最为重要的。

假如您的小儿子动手能力不强，在日常生活中做最简单的事情都显得笨拙，这时，如果您在他面前提及在手工方面有天赋的大哥，是对他毫无益处的。因为他的动手能力无论如何都达不到与哥哥一样的水平，所以您应该鼓励他在其他领域寻找自己的成就感，给孩子一个可以证明他自己的替代方案。也许比起做手工，他更愿意吹小号，那么您可以试着鼓励他朝音乐方面发展。当您的女儿涂上了绿色的指甲油，您应该感到高兴，而不是生气地认为她对时尚毫无感觉。即便您家族中的长子世世代代都是医生，如果您的大儿子读完中学就想去做木工，您也不要横加阻拦，让孩子自由发展，而您可以改弦易张，去支持他想要学医的妹妹。

如果您想要孩子有自信，那么首先必须相信他们。孩子需要的是鼓励，而不是劝阻。不要对孩子说“你永远做不到的”这种会伤害孩子自尊心的话，而应将其替换为

“你肯定能做到的”等有助于增强孩子自信心的话语。

希望被认可的心态使得孩子每天都处于压力之下。您尴尬地发现，即便您不引发竞争，它依然不可避免地会发生……

克里斯汀兴高采烈地回到家，挥舞着成绩单。“看我拿到了什么，我是班上唯一一个测验中得到满分的人！”“我一直都知道你很棒！”父亲赞美道，“我们的克里斯汀是所有人中最聪明的一个，我今晚要在咱们家族的聚会上向大家宣布这一好消息，其他人定会惊叹不已的！”母亲高兴地说：“真是我的好孩子，我马上打电话给你的祖父母，让他们也高兴高兴。”在一片喧闹之中，没有人注意到弟弟奥拉夫站在一边，脸颊上滚动着豆大的泪珠。这时，母亲转向他问道：“嘿，小家伙，你难道不为你姐姐感到骄傲吗？”“哼！那个傻瓜，她只是一个书呆子。”男孩从嘴角挤出这句话后，转身走进了他的房间。

兄弟姐妹中的一人成为众人瞩目的焦点后，其他人的自信心便会受到影响。孩子们有时可能不愿意在自己没有获得表扬的时候，为其他孩子的出色表现鼓掌。嫉妒会引起强烈的负面情绪，每个孩子的性情和秉性的不同，会导致他们因嫉妒情绪做出不同的反应，他们有的怒气冲天，有的不露声色，有的会试图贬低别人的成功：“噗，这种音乐课真无聊，大家谁都会哆来咪发唆。”有时怨恨的情绪特别强烈，以致未被表扬的孩子会对受到表扬的孩子造谣抹黑。“难怪克里斯汀音乐成绩那么优秀，她总爱拍老师马屁，老师当然愿意给她高分。”

只要您能做到只在私底下表扬或批评您的孩子，以上所有的问题都可以避免。然后，您可以放心大胆、不受任何限制地夸奖您的孩子。那么，如果其他孩子在场，就应该完全不表扬表现出色的孩子吗？也不是，但请不要太过热情，最重要的是不要与其他孩子做比较。您可以轻声告诉他，您为他取得的出色成绩多么自豪。但是，不要让优秀的孩子在兄弟姐妹面前成为天才般的存在，等到您和他单独相处时再奖励他也不迟。

下面是来自同一家庭的又一个例子。

假期前的最后一个上学日。父母在家焦急地等待着即将放学的孩子们，迫切地想要知道他们拿到了怎样的成绩。激动的奥拉夫第一个冲进门来，紧接着是克里斯汀。“妈妈，妈妈，我德语考了 2 分！”男孩脱口而出，“我好开心啊，我再也没有考 4 分的情况了。”“从 4 分到 2 分，取得这样的好成绩真值得表扬！”就在妈妈把儿子紧紧搂在怀里的时候，克里斯汀慢吞吞地打开书包，“妈妈，我不想打扰你们。您之后再看我的成绩单吧。顺便说一句，我德语、数学、英语和生物全是1分。”“真的吗，克里斯汀，这真是不可思议的好成绩。”妈妈高兴地说，“好吧，奥拉夫，要得到和克里斯汀一样的好成绩，你还得继续努力啊。”

其实母亲本意并非如此，可奥拉夫还是深受伤害。即使他的成绩无法与姐姐的出色表现相媲美，但他从4分提高到了2分，也是非常明显的进步，可母亲仅用一句话就把他取得进步后的自信心摧毁了。

奥拉夫伤心地说：“我会努力提高我的成绩，但我永远不会向克里斯汀看齐，爸爸妈妈，你们就是喜欢姐姐超过我。”

让家中无竞争

父母评价孩子们的学业成绩时，应根据他们各自的学业水平给每个孩子设定一个独立的评判标准。在不考虑个人能力和天赋的情况下，父母只对孩子们的成绩进行比较是很荒谬的事情。

父母应告诉孩子们，家里没有评分和竞争。奥拉夫和克里斯汀一样，尽力拿到了自己的最好成绩。每个孩子都应被单独评价，而不是通过与其他孩子进行比较来获得评价。克里斯汀在语言上很有天赋，且擅长计算，所以在这些科目中能轻易拿到高分。奥拉夫则擅长运动，热爱化学，并且对地理知识了如指掌。每个孩子都有自己的优势，比较分数是毫无意义的行为。所以，父母应始终持有这样的观念：不存在一个孩子比另一个更好或更差，只存在一个与另一个不同而已。期望一个孩子在所有领域都能表现优异是不现实的。为孩子提供个性化发展和发扬个人优势的机会，不要让孩子背负与兄弟姐妹竞争的压力，是每一位家长的必修课。

如果孩子们自行比较成绩又该如何呢？那是他们的事，您不需要关心。您已经非常清楚地表明了态度，谁的成绩更好或更差并不重要，重要的是您知道他们都通过自身的努力取得了学业上的进步。例如，克里斯汀喜欢写作，并且是一个真正的书虫，相比之下，奥拉夫的基础要差一些，他在德语考试中辛苦获得的 2 分可能比克里斯汀的 1 分更加难得。

多年来，卡斯滕一直是班干部，优异的成绩令他受到老师和同学的青睐。被选中担任多个职务的卡斯滕积极投身班级内外的各项事务当中。不久前，卡斯滕又以高票当选班级代表。此外，他不仅是校报编辑团队的一员，还在学生会任职，并担任校学生剧院的导演。可就在最近，不知为何，卡斯滕多次出现表现不佳的状况。

起先，卡斯滕想通过更加努力地保质保量完成所有的事情。因为无论如何他都不想失败，不想辜负父母、老师和同学的期望。他一想到自己不再是一名受人青睐的班代表，兄弟姐妹就会嘲笑他，那种屈辱感和羞耻感使他觉得很恐怖。

卡斯滕越是勉强自己，他的压力就越大。于是，他出现了一连串的失误——参加编辑会议迟到了，遗忘了一次家庭作业，此外，由于完全没有时间复习，他数学考试竟然只得了 3 分。

一段时间之后，卡斯滕发觉自己这种低迷状态已经无法继续隐藏下去了，这使他陷入了真正的危机之中。他因为害怕出丑而逃学，在家里，他也总躲着弟妹，并认为小家伙们肯定早就发现他们才华横溢的大哥出了状况。当卡斯滕第一次考了 5 分，妈妈被老师请去谈话时，家里其他孩子多少都有些幸灾乐祸。尽管卡斯滕似乎总能驾轻就熟地完成任务，但显然这一次他已不堪重负。除了学业之外，他接手了太多的附加工作，完全超负荷了。

在这种情况下，父母只需要做到一点：尽一切努力确保孩子不受伤害，帮助孩子安然渡过这场危机。如果孩子表现得不像以前那么好，父母不要责怪他，而是尝试和他一起找到出现问题的环节，一起思考如何解决问题，如何把事情做好。

例如卡斯滕的例子，也许他只要辞掉众多在校职务中的一个或两个，就可以使问题得到很好的解决。父母可以告诉孩子，他不必无处不在，集中精力专注于比较重要的事，是不会影响他受欢迎的程度的。问问孩子在学校里最喜欢什么，以及他能舍弃什么，这会为之后您与老师的沟通提供帮助。与老师一起制定策略，才能有效帮助孩子减轻压力。

在家里，您也必须给孩子减压。如果您过去给孩子设定了过高的期望，那么请您一定要打消这个念头。孩子不是一台能全速运转并拥有最高生产力的机器，无论他们多么懂事、聪明、有才华，他们也只是一个孩子，一个应该按照其年龄大小受到相应对待的孩子。

请不要因为孩子表现不佳，让他看到您流露失望的表情。相反，给他一种坚定的支持，让他确信事情很快就会好转的，得了 5 分也没什么大不了。您爱他，您的爱不添加任何附加条件。顺便说一句，也许让他看看您当年的成绩单会有所帮助，因为对于成年人的生活来说，以前的学习成绩并不是那么重要。

您的镇定和有针对性的支持将帮助孩子再次找回自我。此外，孩子与兄弟姐妹的良好关系也能帮助他渡过危机。也许，作为一个有弱点的正常男孩，他更容易融入兄弟姐妹的联盟之中。

正如那些光芒四射的胜利者总是沐浴在明媚的阳光中一样，有些人始终无法走出阴影。“我的孩子有可能生下来就是失败者吗?”若您有此疑虑，那么请您继续阅读下文。

如果您的孩子正处于阴霾般的情绪之中，您也不必惊慌失措，正如“刺猬和兔子理论”：一个人无论如何努力想要变得强大、聪明、有才华，最后胜出的总是另有他人。在大多数情况下，孩子们会随着时间的推移发现自己能够超越其兄弟姐妹的地方，但如果他们没有一技之长，那么自卑感往往会持续存在。例如，即使长大成人，年幼的妹妹重遇她漂亮的姐姐时，仍感觉自己就像丑小鸭。在这些场合下，童年时的记忆又不自觉地闪回，亲戚总是很惋惜地对着妹妹说：“你姐姐在你这个年纪时可漂亮啦，她以后说不定会更漂亮。”在成长过程中，与外貌出众的姐姐相比，妹妹在外貌上一直受挫，从未被人称赞过，所以时至今日，她的心灵创伤依旧未愈。

总觉得自己是失败者的孩子，习惯上质疑自己，最后就会变得听天由命。他们有时也会用不可捉摸的愤怒做出反应，最后变成了令人讨厌的人。他们看上去总喜欢寻隙挑衅，并且表现得冷漠无情。更有甚者，因芝麻大的事情也能与兄弟姐妹打起来。他们所做的一切到最后都以极端的方式结束，因为他们坚信，反正也没有人喜欢自己。

试想，孩子经常穿着被撕破的脏衣服回家，面对父母的质问，他倔强地选择了沉默，一旦事情没有按照他的意愿发展，他便会捶胸顿足，他的暴力行为经常让他的兄弟姐妹处于恐慌之中。相信您肯定不愿看到这种局面，由于孩子的执拗，您所有想要接近这个小恶魔的尝试都以失败告终。于是在某一时刻，您会暗自承认更喜欢比他乖巧的孩子。

然而，即便您不会公开表示您的喜好，“坏孩子”也知道自己不在父母心中的“好孩子”之列，心中的怒火不断堆积，直至爆发的一天……

阿恩厌烦透了弟弟斯文。这一天，弟弟又像往常一样，

给妈妈摘了一束鲜花。妈妈在斯文的耳边轻声说："我的斯文，如果没有你，我该怎么办啊，你就是我的最爱！""哼，一个男孩子摘花，这可真让人觉得肉麻。"阿恩小声嘟囔着，"我真受不了，现在让这一切无聊的戏码都结束吧。既然老家伙们不喜欢我，就让他们和心爱的斯文形影不离吧。我要走了！看看这下他们会做什么。妈妈肯定会号啕大哭，爸爸说不定会报警找我。哼，让他们去找吧，但他们可别指望我会回来，我离家出走也是他们自找的。"

阿恩收拾了一些东西放进背包，从桌上拿了一些钱，然后猛地关上门。当母亲购物回来时，她在桌子上发现了阿恩留下的字条，上面写道：找我是徒劳的！你们永远也找不到我，就这样吧。

在这个世界上，每天都有孩子因无法应对家庭中的某些状况而选择离家出走。其中，有些孩子是因为无法忍受父母的暴力倾向而选择出走，有些孩子是因为感受不到被家人认可和喜爱而产生了一走了之的冲动。很多孩子在离家出走后，接触毒品，走上了犯罪之路。所以，不要去招惹处在糟糕状态下的孩子，您应该确保您家的惹事鬼不会成为家庭中的局外人。让一个极度叛逆的孩子重新融入家庭往往需要极大的耐心，但这其实是一件不论付出多大的代价都值得去做的事情。

让差异存在

在世界锦标赛或奥运会上，人们通常只会为登上领奖台的三人庆祝，而很少理会那些未能获奖的运动员的感受。赛后，那些未获奖的运动员更不可能受到大众的关注，尽管他们和获胜者一样，在赛前付出过无数汗水。

我们不该让类似的情况在儿童房里出现。有的家长可能已经认识到了这一点，但有的家长依旧认为健康的竞争环境有助于孩子成长。在下文中，两位母亲谈论了她们是如何处理“比较”这个问题的。

两位母亲在操场上看着孩子玩滑梯。“您有两个可爱的女儿，”其中一位母亲羡慕地说，“她们长得真像，像双胞胎一样。”“她们的确是双胞胎。”另一位母亲回答说。“真的吗？为什么您让她们穿不一样的衣服？留完全不一样的发型？要是我的话，我肯定把她们从头到脚装扮得一模一样。这样，两个小姑娘站在一起，看起来肯定可爱极了。”第一位母亲说。“没错，但这正是我想要避免的。”双胞胎妈妈回答说，“以前，莫娜和莉莉总穿着同样的衣服。后来我意识到，通常双胞胎都会被看作不可分割的整体，但其实她们二人都应该有独立的人格，不应该像是同一生产线上的产品一样，毫无二致。所以我们夫妻俩毫不犹豫地决定，不再让莫娜和莉莉以同一形象出现。她们现在的模样多好，成了普通的姐妹，而且都是独一无二的女孩。”

一位年轻的父亲说：“好吧，我不太会照顾女孩子。她们是如此敏感、温柔，只要你稍微严厉一点，她们很快就会觉得受到了伤害。所以，我们夫妻的第一个孩子不是男孩，这让我大失所望。但感谢上帝，第二个孩子是男孩。我的罗宾已经10岁了，他是我独一无二的宝贝，也是我的一切。在节假日，我们一起去踢足球、打乒乓球。相反，我的女儿康妮敏感脆弱，面对她我实在有些不知所措。”他有些自责地继续说道：“康妮很快发现我更喜欢罗宾，所以她变得更加任性。当我给她布置任务时，她拉着脸，并不考虑如何完成任务。最近，我甚至看到她故意伸腿把可怜的罗宾绊倒了。罗宾还那么小，真是可怜。我曾无数次告诉康妮应该向弟弟学习，但康妮不仅没当回事，反而每件小事都能让她情绪失控。我一直在想是不是该把她送到寄宿学校去，让家里其他人得到安宁。真的，我从来不知该如何照顾我的女儿，不过，好在我妻子比我更了解康妮。”

艾瑞克是两个男孩的母亲，在谈及她的两个孩子时，她说：“简是一个蛮横无理的家伙，无论他想要什么，他都会不顾一切也要得到。但他太可爱了，我真的无法拒绝他的任何要求。而迪尔是我的心头肉，他没有哥哥那样健壮和自信，但他高度敏感，极富音乐天赋，且性情温和。简很少顾及弟弟，当弟弟挡住他时，简会一下子把弟弟推到一边儿，当他想在桌子上做作业时，便会把弟弟画画的东西全部推到地板上。此外，他还会指挥弟弟一起做事，还动不动就大声咆哮，把弟弟弄哭。每当这时，我不得不训斥他，有时甚至是很严厉的呵斥。我很困惑地问他，为什么不能像弟弟那样成为一个有亲和力的孩子，他的神情看起来更愤怒了。除了保护迪尔免受暴躁哥哥的欺负，我还有什么办法呢？迪尔只有在我的怀里才感到安全。”艾瑞克若有所思地补充说，“与此同时，我觉得简有时会刻意疏远我。他和我没什么话说，也不会拥抱我，这让我心里不好受。以后他们兄弟之间再发生冲突，我不会再干涉了。毕竟，迪尔必须慢慢走向独立。”

育儿小贴士

- 尽量避免对孩子进行比较，无论是积极的，还是消极的
- 不要让孩子难堪
- 不要把孩子的弱点作为打压孩子的手段
- 公开说出您喜欢和不喜欢孩子的什么行为
- 孩子遭遇失败时，一定要鼓励他
- 充分考虑孩子的感受

最后一颗糖果

无意义的平等对待

CHAPTER 5

在本章中，您将了解到——

· 为什么父母不必尝试平等对待您的孩子？

· 如何以个性化方式去爱每一个孩子？

· 如何发掘孩子隐藏的特质？

· 孩子如何从您这里得到所需要的一切？

· 为什么小磨人精比乖巧的小天使更成功？

摇摆不定的爱

关于给孩子们买东西，不知您是否有这样的烦恼……

您在商店里发现了小女儿一直想要的娃娃，一时冲动决定买下来，但在最后一刻，您又犹豫了，其他孩子怎么办？如果家里最小的孩子得到礼物而他们一无所得，他们肯定会觉得很伤心。事实往往如此，您给小女儿买了一条新裙子，其他孩子就会尖叫起来。即使您向他们解释了100次，为什么有人有礼物而其他人没有——“朱莉最近长得太快了，以至于很多衣服都穿不下了，这就是她迫切需要一件新外套的原因。好了，快别抱怨了。毕竟，你们最近都添置了一件漂亮的新夹克。”

“父母应该平等对待每个孩子，无差别地爱他们。”这就是一句无意义的废话，因为它完全不切实际。可惜大多数家长都不愿意承认，即使在最理想的状态下，这种平等待遇也不可能实现。

您打算为10岁的女儿买一双旱冰鞋。这时，您是否应该直接买两双，因为出于公平的考虑，3岁的儿子当然也应该有一双。再比如，您是否该规定3岁的小儿子和已经读小学三年级的大儿子同一时间入睡？再或者您是否该允许8岁的小儿子骑他大哥的摩托车，以免他觉得不公平？以上几个例子表明，孩子的年龄差异会导致您不可避免地对他们产生“不平等”的对待方式。

就算孩子觉得不公平，并抱怨您对他的爱不如对另一个孩子的爱，您也无须过意不去。如果您决定这一次只给一个孩子买，那完全正常。其他孩子必须在心里消化这件事，因为下次就有可能轮到他们中的一个得到礼物了。“生活中不是万事万物都绝对公平，有时就是无法避免这种情况发生，生气或嫉妒毫无益处。”经常给孩子灌输这样的道理也是有必要的。

如果您为了防止孩子们互相对抗或嫉妒，而总是买双份或是多份相同的东西，您是否考虑过，当孩子羽翼丰满、独立生活之后会怎样呢？您认为其他人也会像您一样，满足您孩子的每一个愿望吗？这当然不可能。因此，您不必去数盘子里的豌豆颗数，以确保每个孩子盘子里的数量一样。您最好问问谁还没有吃饱，然后再给他加一些。让每个人都能得到他们真正需要的食物量，会比您尝试遵循人人平等的做法更符合需求。

当然，总会有一些特殊情况。例如，当某个孩子长时间生病，父母在这个阶段需要格外关心照顾他，对其他孩子可能会有所忽略。此时，您可以向其他孩子解释说，为了让生病的孩子尽快好起来，您需要给他很多特殊照顾。您的解释还可以让孩子们意识到，无论家里谁生病了，您都会特别照顾生病的那个。

有时，孩子会用行动挑衅父母，令父母在一段时间内“被迫”地将关爱转移到其他乖巧懂事的孩子身上。例如，当青春期叛逆的儿子惹恼您时，您就恨不得把他送到沙漠去。在您情绪紧张烦躁时，您可爱的女儿像天使般出现在您面前，给您带来了慰藉。可以理解，您可能会对女儿越来越宠溺。“感谢上帝，我还有一个小太阳！宝拉给我带来了欢乐，不像我那任性的儿子一样，只会让人操心。”

这种“喜爱乖巧孩子，忽视淘气孩子”的想法有可能会形成一种固定的思维模式。如果父母在较长一段时间内持续这种思维模式，就会在自己的意识当中给孩子设定一个固定的角色。

进入青春期的孩子一直以来都是叛逆的代名词，热衷于反对父母的权威，在这段时期，如果家中的弟妹巩固了自己“全家宠儿”的地位，这有可能会导致青春期的孩子的叛逆行为进一步恶化。

青春期的抗拒态度是孩子自我发现的信号，在这段艰难的时期，孩子比以往任何时候都更需要您，哪怕他们并没有表现出来。因此，在与孩子相处时，没有“非此即彼”，也没有“非黑即白”，当然也并不容易，您不必苛责自己。您应该相信，与孩子的相处总会出现柳暗花明的阶段，聚焦孩子身上的亮点，就会让孩子感到安心，从而更好地帮助孩子度过这段艰难的时期。

正如伴侣之间的爱会经历起起落落一样，父母对孩子的爱也会有摇摆。但父母对孩子的爱应始终存在，每个孩子都有权获得父母的关爱。

“我就是我”——自信给我力量

到了某个时刻，所有的父母都不得不回答那个他们一直想逃避的那个问题：“妈妈，您最喜欢谁?”“爸爸，您更爱谁，马克斯还是我?”对于这个问题，您可以试着这样回答：“亲爱的，你们两个我都爱，但我爱你们的原因不太一样。”

每个孩子都希望自己是独特的、不可替代的。因此，每个孩子从根本上都希望别人对待他的方式符合自己的个性。孩子对个性化认知的需求就是您应寻找的答案。所以，您可以这样回答：“你要知道，亲爱的，你们每个人对我都意味着很多，因为你们都是独一无二的。所以，你是我唯一的小马克斯，独一无二的小马克斯。没有人可以像你一样可爱，像你一样热心。因为你就是你，我非常爱你。”

许多孩子很早就明确了自己对独立的渴望。他们不愿意适应规则，坚持在兄弟姐妹面前独树一帜。当有人想喝橙汁，“小个人主义者”就要喝热可可；当兄弟姐妹准备出发去公园，那么“小刺头”非要将他的画画完才肯出门；当其他人已经乖乖上床睡觉，“固执先生”却还精神百倍，不肯就寝。

作为父母，您可能会觉得孩子的这种固执在日常生活中非常耗费您的时间和精力，但仅仅这样看待问题未免过于简单了。固执的孩子也许正处于探索个人优势的阶段，他们希望吸引父母的注意力，得到更多的关注。反抗不仅是为了挑战父母的底线，更是为了强制执行他们个人意愿的手段。

有独立想法的孩子显然想把自己与他人明显区分开来，独自行事。“我自己就行！”就是典型的“个人宣言”，孩子想把事情都掌控在自己手中。在这个过程中，他关注的焦点并非事件本身，而是一种原则：只要我想要的，我就一定要得到。一个固执的孩子会想尝试，看看自己在向目标前进的路上能走多远。有时他可能会走得很远，因为有些执行力很强的孩子完全有可能采用较为激进的方式去达成自己的目标。

强势的孩子经常通过物权冲突来彰显力量和独立性。通常，想要公平对待孩子的父母会介入，尝试通过调解来化解冲突，比如让抢玩具的两个孩子各自玩一段时间。但是，个性非常强的孩子并不太重视“平等主义”。相反，他们更有兴趣明确提出并执行个人主张。不过，这并不意味着个人意愿强的孩子就是鲁莽的小怪物。个性强并不意味着没有团队合作能力，或是不具备社交技能。因此，您不必过于担心，即便您的“小麻烦”因固执而不愿融入兄弟姐妹的群体之中，他也不会从兄弟姐妹的群体中被剔除出去。

您应该适当鼓励孩子的个人行为，并将它看作一种自信的体现。从某个角度来说，个人行为恰恰证明了孩子知道自己需要什么，以及如何将自己的需求告知他人。由于这些信号往往很清晰，父母可以相对容易地评估孩子的状况并做出相应的反应。在解决冲突时，父母不要按照个人意愿去调解，而是要让争吵者自己找到解决问题的方式。

爸爸的秘密宠儿

没有哪个多子女的父母愿意承认，自己心里其实有最喜欢的孩子，且这个人选并非一成不变。每个孩子都有最受宠的时刻，尤其是当您发现您的孩了与您的父母或祖父母有某些明显的相似之处，或孩子的某个行为或习惯唤起了您童年的美好回忆时。不论什么原因，无论您此刻更喜欢哪个孩了，请保守这个秘密。您还是要坚持一贯的做法，给予每个孩子所需要的关爱。如果您觉得隐藏自己的感受很辛苦，那么您可以向您的伴侣一吐为快。当然，您也可以通过给予其他孩子更多的关注，来平衡您内心的情感。

“当我的甜心这么调皮地看着我时，我愿意为她做任何事情。”“我的大儿子简直就是一位十足的绅士，当他帮我穿上大衣或为我开门时，我的心都要融化了。”

父母的这些表达会让他们意识到自己对某个孩子的偏爱。但您为什么会如此喜欢这个孩子呢？原因其实可以追溯到您的童年时期。

下面的几个例子直观地说明了这一点：如果母亲是家中的幼女，那么她很可能会倾向于支持自己的幼子女；如果父亲在他的原生家庭中是“夹心”孩子，并曾遭受过兄弟姐妹不友好的对待，那么他极有可能倾注更多的关爱在自己的“夹心”孩子身上，因为他一定不希望自己的“夹心”孩子遭遇同样的事情；如果父亲是家中长子，并且总是扮演“超人”哥哥的角色，承担照顾弟弟妹妹的责任，那么在这位爸爸的心目中，长子在大多数情况下最得宠。

童年的经历在每个人的心中会留下深刻的烙印，这些经历对每一个人成年后的为人处世会产生不可估量的影响。

父母通常最喜欢与自己有明显相似之处的子女，有可能是行为或爱好上的相似，也可能是个性或外貌上的相似。相反，那些与自己各方面都完全不同，在外貌上与家里哪个人都不相似的孩子，对他们来说，可能多少会有一种陌生感。当孩子做出父母当年所做过且感到后悔或不快的行为时，情况也大概如此。通过后代获得这种仿佛照镜子一样的感受，对父母来说并不是件愉快的事情。父母一般都会希望孩子能够继承自己身上优秀和美好的东西，而对于那些自己都想隐藏的负面特点，自然不乐于它们出现在孩子身上。

父母对不同孩子的情感不同且有所变化是人之常情。但如果父母对某个孩子的偏爱持续不断地表现出来，问题就会变得棘手，因为这将不可避免地让其他孩子感受到差别对待给他们带来的痛苦。

8岁的丹尼尔非常郁闷，父母眼里似乎只有妹妹达格玛，妹妹所做的和所说的一切都令父母激动不已。“太棒了，达格玛又做到了！”父母开心地说。丹尼尔感到不受重视、不受欢迎，觉得自己根本没法与了不起的妹妹相比。有一天，他忍无可忍地向母亲抱怨说：“你们眼里只有达格玛，你们永远不会为我感到骄傲，这让我感觉糟糕透顶！我宁愿去祖父母那儿，至少他们真心爱我。”母亲这才如梦初醒，她丝毫没有料到，自己一直以来带给儿子的是这样的感受。从那以后，父母尝试克制自己对女儿明显的偏爱，并给予丹尼尔同样且应得的关爱。

被偏爱的孩子往往会置身于难解的矛盾境地，他们一方面想要保持自己的特殊地位，而另一方面，他们又担心这会招致兄弟姐妹的敌意。有时，家里的宠儿可能只是为了取悦父母而去做一些在其他情况下完全不可能做的事情。例如，因为父亲更喜欢短发而剪掉了自己的长发，或者因为母亲对长笛的喜爱而学习演奏长笛，但其实自己内心并不喜欢。有的孩子则选择了符合父母意愿，但不符合个人意愿的职业。

父母总是把最偏爱的孩子放在第一位，但殊不知，这对最爱的宝贝可并不是件好事。

如果兄弟姐妹的关系非常亲密，有时会让父母产生一种特殊的感受：孩子会抵触自己在爸妈心中的特殊地位，因为他不希望破坏自己与兄弟姐妹的亲密关系。为了获得兄弟姐妹的信任，爸妈的宠儿会克制自己去做那些会让父母赞美，但却会引起兄弟姐妹不满的行为。

比如，卡蒂不再热心帮助母亲做家务，鲍里斯再也不会在爸爸的工作室里待太长的时间，约瑟芬突然对园艺失去了兴趣……通过这种克制，被偏爱的孩子冒着失去宠儿地位的风险，只为不破坏手足之情。相信您肯定没有料到，自己的宠儿会甘愿放弃最受欢迎的角色以保持手足联盟。

发掘孩子的优势

您应该很清楚自己特别喜欢家中某个孩子的原因。扪心自问，为什么在您的心目中，其他孩子不如您特别喜欢的这个孩子呢？是否因为您一直都想要女孩，所以相比男孩来说，您更偏爱女儿？在日常生活中，父母对于孩子的潜在个性和特殊能力的发掘是极其重要的。要知道，每个孩子都有自己的优势，但孩子的优势并不总是自动显现，所以父母必须学会发掘孩子的优势，之后才能有针对性地培养孩子。

因此，不要让您的孩子因为自己所得到的关注少于兄弟姐妹而暗自伤心。作为父母，您应该更深入地了解孩子，找到孩子身上值得被关注的闪光点。比如，菲利普是一个技术能手，他曾一个人悄悄修好了割草机；西尔克有成为喜剧演员的天赋，一旦有表演机会，他可是十分活跃呢；

您偶然发现了罗伯特非凡的记忆力，他可以在一分钟内背下来一首诗……

即便您暂时还没有发现孩子身上的闪光点，您也要知道，每个孩子都有被爱的权利。您不应期待您的孩子像是从模具中出来的一样，具备您喜欢的所有优点。您需要尊重孩子的原样和个性。只有这样，您才会向孩子传达出一种情感，您看向他的目光中也才会闪耀着特别的光芒。孩子也会慢慢理解自己必须与兄弟姐妹分享爱，但同时，他也坚信，自己在某些领域是父母心目中的第一名。让每个孩子都有机会成为妈妈的最爱或是爸爸的骄傲，满足他们被尊重和被认可的需要。

都是偏爱惹的祸

请您试想一下这样一个情景：

您和您的大女儿妮可坐在一起讨论邀请谁参加她的生日聚会。12 岁的妮可已经有了一堆要好的男女朋友，“提图斯很愚蠢，他只会惹麻烦，但卡斯滕和尤利必须来。”妮可在宾客名单上一边标注一边说。“蒂娜一定要来吧？你们两个可一直都是形影不离的呀。”您问。“哦，那个傻女孩，我们早就闹僵了。我现在和卡佳一起玩，我们处得很好。”“是吗？快和我说说……”

“妈妈，”突然一个孩子叫嚷起来，“一个老掉牙的派对，你和妮可已经谈了几个小时了。你过来一下，我得给你看一样东西。”弟弟卢卡斯拽着妈妈的袖子想把她拉走。“卢卡斯，我马上就好了，待会儿我有很多时间陪你。但现在，我要和妮可一起完成生日聚会邀请名单。你明白了吗?”

卢卡斯磨磨蹭蹭地走开了，但他五分钟后又跑回来，“妈妈，我已经等够了，快来陪我玩吧!”“不行，卢卡斯。你还得等一下。我知道这对你来说很不容易，但这是唯一的办法。我和妮可正在讨论很重要的事情。”

卢卡斯可完全不这么认为，他大喊大叫地扑向姐姐，用小拳头打她，还嚷嚷道：“我讨厌你，你总是抢走我妈妈!”您大吃一惊，试图安慰儿子，“好了，宝贝。妈妈马上就来。”然后您转向妮可说：“妮可，我想你可以独自做剩下的事儿，我们已经详细讨论了所有问题。现在我必须哄哄卢卡斯，我希望你能明白。”

当您和儿子一起离开房间时，您听到女儿满腹牢骚地说“你总是偏爱讨厌鬼弟弟，这太不公平了。”而另一边，小卢卡斯眉开眼笑，因为他又一次得逞了。

从上文的案例中，您领悟到了什么？想让每个孩子满意几乎是不可能的。因此，您应该始终遵循“有侧重点而非刻意求全”的原则。有时，当孩子遇到复杂或麻烦的事情时，您需要长时间在这个孩子身边陪伴他，这时，您别无选择，只能优先做这件事。在上面的场景中，最佳处理方法是对吵吵嚷嚷的男孩说：“卢卡斯，去把玩具车都找齐了，这样一有空我们马上开始玩。”

和听话、懂事相比，孩子们通过愤怒、眼泪和纠缠能更快得到自己想要的。因为被压力所折磨的父母往往很容易“屈服”于胡搅蛮缠的孩子，以便能尽快获得清净。不要让“狡猾”的孩子牵着您的鼻子走，您“屈服”的次数越多，越可能走向恶性循环。孩子一旦知道发脾气有效，那么下一次就会故技重演，但如果您拒绝，他就会进一步加码。最后，您觉得忍无可忍，又不得不应对撒泼的孩子，直到您被孩子彻底“拿住”。结果，您只是片刻没有陪伴他，而去陪伴其他孩子时，就可能引发地动山摇。

因此，与孩子相处时，请不要轻易放下正在做的事，去做另一件事。如果您正在照顾某个孩子，则暂时不必去管另一个（除非房子倒塌或发生其他紧急可怕的事情）。向孩子说明您有足够的时间陪伴他们每个人，但他们不能同时向您提出要求。即便孩子还很小，您也可以尝试磨炼他的耐性。不用多久，孩子就能明白，他们每个人都有机会轮到并得到妈妈对自己全身心投入的爱与陪伴。

琐事往往会令兄弟姐妹产生激烈的争斗。

埃里克和霍斯特是三个孩子的父母，最近他们家经历了一场由糖果引发的激烈争斗。埃里克讲述说："那天，我们家的'三剑客'跟着我来到厨房，想从甜食抽屉里找点东西。因为我最近忘了买新的，所以只剩下七颗糖果。我给每个孩子手里塞了两颗，压根儿没多想，就把最后一颗糖给了最小的孩子。您无法想象，这一下就炸了锅！""吼声震耳欲聋，吓得我从车库冲到屋子里，以为发生了天大的事情。"霍斯特接着说，"结果，只见没拿到那最后一颗糖的两个孩子正痛苦地向他们的妈妈抱怨，而拿到糖的卡里神情自若地把糖果塞到了嘴里。"

"知道那两个大孩子说什么吗，"埃里克继续说道，"他们说我总是偏心，偏爱最小的，完全不懂怎样教养子女。9岁和11岁的孩子就已经对妈妈的教育方式思考得这么深了。"霍斯特说："在贝纳德和比阿特平静下来之后，我问他们为什么这么激动。当我知道这一切不过是因为一颗微不足道的覆盆子小软糖时，我几乎要抓狂了。到底该怎么办?”

“两个大孩子怨我也许是有原因的，”母亲埃里克犹豫着说，“我仔细想了想，觉得自己确实有些偏袒弟弟。但我以为没人会在意，就算在意，反应也不会如此强烈。显然，我的行为对他们产生了困扰。我想我会尝试改变，给贝纳德和比阿特更多的关心。他们虽看上去很懂事，但显然还不是真的理解这一切，否则他们也不会嫉妒弟弟了。”

如果被偏爱的孩子始终是父母一生中的最爱，这可能会对他与兄弟姐妹的关系产生持续的不良影响。

迈赫尔德从个人经历中认识到了这一点：“我的两个女儿雷纳特和布里吉特已经离开家好几年了。虽然她们很少照面，但关系依然势同水火，就和她们小时候一样。我不得不说，布里吉特打小就是我的甜心，她有着一头金色卷发和泛着玫瑰色红晕的白皙皮肤，她待人友善、气质迷人，认识她的人都认为她很棒。雷纳特则完全不同，她肤色黝黑，身材扁平，不是很女性化，男子气十足。我自然愿意给布里吉特买漂亮衣服，精心打扮她。雷纳特对此从不感兴趣，总用轻蔑的语调谈论‘时尚娃娃’。如果我给她买毛衣或新款夏裙，她只会把它们挂在衣柜里，因为雷纳特只穿牛仔裤。”

“我还记得，雷纳特对她妹妹布里吉特的所作所为，这让布里吉特永远不会原谅她。有一天晚上，布里吉特睡着以后，雷纳特剪掉了布里吉特美丽的卷发。当我质问雷纳特时，她只回答说：‘你激动什么，现在有两个丑女儿了，两个总比一个要好。’虽然布里吉特的头发会重新长出来，但直到今天，我仍然无法理解一个女孩会对她的姐妹做这样的事。”

与此相反，艾伯哈特在对于平等对待儿子们这件事上则没有任何问题。

“我不懂为什么有些家长在这个问题上那么戏剧化，我做梦也不会想偏爱两个儿子中的一个，他们从我这儿得到的永远都是一样的。拿衣服来说，妻子和我给两个儿子买东西时总买双份。牛仔裤、运动鞋、夹克、毛衣，他们得到的都是同样的，当然尺码不同。除此之外，谁都没有额外的‘香肠’。当奥斯卡在圣诞节前想要一辆雪橇时，圣诞树下自然会放着一份一样的礼物给马丁。如果我外出钓鱼，会同时带着他们两个。嫉妒、羡慕不会发生在我们家孩子身上。当我发现他们的祖母往她最喜欢的孙子马丁的口袋里塞钞票，让他买些好玩意儿时，我也郑重告诉了她我的想法——不能偏爱任何一个孩子。就这样，她随后往奥斯卡的兜里也塞了钞票。公平必须无处不在。”

“然而，最近我遇到一些怪事，”艾伯哈特有些犹豫地说道，“那天，我比平时下班早，回到家发现妻子和马丁紧紧依偎着坐在沙发上，而奥斯卡在玩电脑。我想知道怎么回事，妻子告诉我，马丁需要感到被爱，真正地被爱。她继续说，我对他们两个永远一样，几乎从来没有考虑过儿子的不同愿望。她问我有没有想过奥斯卡宁愿留在家里，也不愿和我一起去参加无聊的钓鱼活动，或者马丁并不希望总和哥哥穿一样的衣服。她说我不计代价的平等主义让孩子们快受不了了。”

过了一会儿，艾伯哈特继续说：“我把两个男孩叫到面前，像男人对男人那样当面问他们不太喜欢我的哪些做法，我总算听到了一些大实话。事实证明，妻子的猜测完全正确。说开以后，我们最近没有像以前那样频繁地一起外出。但我们依然会偶尔聚在一起，享受亲子时光，这样比以前好多了。”

育儿小贴士

- 尽量避免偏爱某个孩子
- 让每个孩子都觉得自己很特别
- 关注孩子的不同需求
- 当孩子感到被忽视时，您要能敏感地察觉到
- 想想看，为什么您在某个孩子身上更容易发现其可爱之处

我的家庭角色

CHAPTER 6

6 我的家庭角色

在本章中，您将了解到——

· 父母为什么不应该把自己的愿望投射到孩子身上？

· 为什么童年时期的错误评价会影响孩子一生？

· 孩子如何学会适应自己的角色——“戏剧舞台”上可能会出什么状况？

· 为人父母者经历过的其他“家庭戏剧场景”。

人生如戏

人生如戏，当“家庭舞台”的帷幕被徐徐拉开，每个人都试图找到属于自己的角色。在家庭剧中，父母编写剧本，孩子们根据所分配到的角色进行排演。然而，父母有时很难客观地看待自己的孩子，只是一厢情愿地去为孩子安排他们的角色，并将孩子一些偶然的行为解释为他们的特质或具有某种天赋的迹象。

比如，当孩子在咿呀学语的时候，口中突然蹦出一长串词语，父母就立即认定孩子是演讲天才；当孩子用手指沾满涂料，在墙壁上胡乱涂鸦时，他摇身一变成了父母眼中的艺术家。当孩子进入幼儿园或小学，他在其他方面的能力更是不断凸显，其实这都是父母对孩子期望过高所造成的“错觉”。

父母的心都承载着对孩子的期待，因此，父母总是会自己把未能实现的理想投射到自己的孩子身上。

人们普遍认为，只有各方面都出类拔萃的人才能应对未来巨大的挑战。以职业为导向的父母认为，当务之急是为孩子提供精英式教育。所以，很多来自富裕之家的孩子都会接受高等教育，并涉足学校课程之外更多的领域。不少年轻的母亲带着不到 5 岁的孩子在高尔夫球场进行训练，每周末带孩子去上表演课以争取到电视剧里的理想角色。中学生的日程更是被安排得满满的，从私人音乐课到体育俱乐部活动，从绘画班到外语互动课堂，这些兴趣班都是父母认为非常重要且有益于孩子今后发展的。精英式教育无形中带给孩子的压力是巨大的，家庭和学校对孩子的要求也因此变得更加严苛和多样化。为满足父母的期望，孩子们必须“工作”，并开始承担起自己的“责任”。

孩子从一出生就被赋予由性别决定的角色，即在社会认知和文化传统影响下男孩和女孩所应遵守的行为规范。同样，孩子在兄弟姐妹中的排序也在很大程度上决定了他在家庭环境中的行为模式。

婴儿衣服的颜色不仅展现出“嘿，男子汉”或“瞧，多么可爱的小姑娘”，同时它也定义了孩子未来的角色。尽管专家们一致认为，由于不同的大脑进程，女孩和男孩在性情、感受和兴趣方面存在差异，所以男孩通常更喜欢技术类玩具，而女孩更喜欢玩偶。但您的孩子是否表现得像一个“真正的女孩”或“真正的男孩”，绝不仅仅基于生物系统。

自 1968 年法国爆发五月风暴以来，传统的两性角色划分已然改变。例如，在男女平等这一问题上，如今女性已较为普遍地出现在一些以男性为主导地位的职业中，甚至成功地晋升到领导职位。然而，角色划分在大多数情况下依然遵循传统模式。在德国，很多男孩从小就被父母按照理想的男性形象来塑造：坚定、理智、勇敢、果断、自信。“男孩不应该哭！不要那么娘娘腔！”当某个小家伙表现出紧张时，就会听到这样的话。心神不宁也被认为是不酷的，而不酷是一个男子汉不应有的表现。同时，人们希望女孩温柔可人。女孩可以聪明，但不要以牺牲女性气质为代价。如果一个感性的女孩长大后进入“男人的行当”，即便她能够受到他人的尊重，但她会是一个讨人喜欢的人吗？

孩子的性别意识从出生后第 10 个月便形成了，这意味着父母在婴儿时期就可以给孩子灌输与性别相关的角色意识，而这种意识会逐步转化为一种角色扮演。角色扮演在孩子进入幼儿园、小学后会一直延续下去。那么角色扮演必然是一条单行道吗？也不尽然。作为父母，您可以选择打破社会赋予男孩和女孩的陈旧而刻板的印象。毕竟，没有规定说男孩必须在任何时间、任何地点都必须像典型的男孩一样，或者女孩不应该表现得或是让人感觉像男孩。跳出条条框框的束缚，告别传统的角色划分模式，孩子应该扮演什么角色完全取决于您的选择。

即便在普通家庭中，父母对孩子的能力与素质也会有一些设想，孩子的名字往往透露出父母的期望。例如，新生儿以叔叔西奥来命名，因为西奥叔叔不仅人很亲和，而且外表帅气，很受欢迎。同样的名字会让宝宝多少沾光，父母希望西奥二世长大后像他叔叔一样成为一个出类拔萃的人。因此，名字具有很强的象征意义，有时连父母自己都不曾意识到。当您决定用某个人的名字为孩子命名时，已经注入了很强的潜意识。如果小西奥后来并没有拥有了不起的大西奥的品质，父母自然会失望，因为他们的秘密期望并没有实现。

神童梦

“看，我们家宝贝的手指像奥尔加阿姨一样纤巧，她以后肯定能成为一位天才钢琴演奏家。”“小保罗这么小就喜欢研究一切事物，这难道不是很神奇吗？他最近将新买的消防车全部拆解成零件了。看吧，这男孩肯定会像他祖父那样成为钻研型人才。”“看呀，卡罗特站在婴儿床上，随着广播音乐的节奏在摇摆，我一直都知道我们的女儿乐感很好。”

从孩子出生的第一天开始，父母就会热切地想从孩子身上发现某些才能和特质，并从孩子的某些反应或迹象中迅速得出结论——比如，卡罗特被认为有音乐神童的气质，小保罗被看作是未来的学者。但问题是，父母无法确定孩子今后的发展道路，过早的固化预设只会缩小和阻碍孩子未来发展的选择范围。孩子可能拥有很多某阶段尚未显现、之后才会显现的才能，那么作为父母，您会因为您之前对孩子的某种预设，而不再关注孩子其他方面的才能了吗？

此外，只允许那些有特殊天赋的孩子学习音乐、体育、舞蹈等，对其他孩子来说是不公平的。卡罗特可能拥有成为小提琴演奏家的潜质，但这并不意味着尚未显露才能的妹妹伊奈娜就不可能在钢琴演奏上取得成绩。

给每个孩子提供不同的发展机会，父母对子女的期望不应成为妨碍孩子自由发展的牢笼。错误的期望将导致冲突，到了某一时刻，孩子会反抗父母强加在他们身上的角色。毕竟，对孩子来说，压抑自己真实的本性是很难做到的。

西格给我们提供了一个非常直观的例子。西格其实是西格丽德的简称，因为西格的父亲非常想要儿子，所以就把女儿的名字缩短，让它听起来更男性化一些。为了减轻父亲未能得子的失望，西格自懂事以来，就一直努力扮演男孩。她宁愿把时间花在与父亲一起建造的树屋上，也不愿像她的女同学一样，在镜子前涂抹最新潮的口红。然而，为了扮演好完美“儿子”的角色，西格作为女孩的艺术天赋却被忽视了。西格没时间作画或学习乐器，因为她要和父亲一起参加足球比赛。

到了青春期，西格的想法发生了转变。她突然发现自己其实是一个才华横溢的漂亮女孩，她在“男孩”这一角色上浪费了太多宝贵时间。可父亲完全不理解西格的想法，总是一味地苛责她，后来，西格彻底与父亲决裂。自高中毕业后，西格就离家去了远方的城市学习艺术。

此外，角色分配会导致孩子对某些事物的错误认知，会成为孩子不去做某件事情的便利借口。“我不需要帮忙做园艺，因为我必须为小提琴演奏而保养双手。”卡罗特解释道。“大家都知道我以后会成为研究员，那我现在又何必要补习英语语法呢?”小保罗边说边把教科书扔到了一边。由此可以看出，角色分配会限制孩子在其他方面的积极性。

如果父母安排克劳迪娅扮演家中的智囊，那么安吉里卡很难和克劳迪娅一样，也成为家中智囊，因为这个角色已经被克劳迪娅占据了。所以，安吉里卡只能选择另外一个角色。假设安吉里卡成为兄弟姐妹中最勤劳的孩子，那么她其他优势的发挥也会因此受到一定影响。

通常情况下，孩子会寻求能够将自己与兄弟姐妹相区分的行为，并以此确立自己的独特性，同时也避免了与兄弟姐妹的竞争。每个人都有自己的角色，且这个角色几乎不会影响其他人。仅从这个角度来看，角色分配其实有助于让孩子拥有优势感，并能避免孩子对兄弟姐妹的能力产生嫉妒心理。

角色分配是否有利孩子的发展取决于孩子的预期角色是否真正符合他的个性和特征。因此，在日常生活中，您应该多加留意孩子是否因为角色分配而受到不利影响。大多数情况下，为了满足父母的期望，孩子最终会接受他们的角色，成为您一直期望的样子。一个在家庭中一直被认为是调皮鬼的男孩，会很难再展现出他可爱懂事的一面。相反，乖巧听话的女儿因被宠溺过度，在应对困难方面以及在执行力方面可能会有所欠缺。

克劳斯是三兄妹中的大哥，与弟弟汉诺不同，克劳斯的身材瘦削单薄，看起来像只麻雀。但他并不为此感到自卑，相反，身材魁梧的弟弟汉诺在他眼中是个十足的娘娘腔、软柿子，没有任何身体上的优势。

“我的弟弟就是个软蛋！”尽管汉诺力大如牛，但他对克劳斯的侮辱全无抵抗能力。更糟糕的是，汉诺也认为自己一无是处，总是表现得缩手缩脚。母亲请他帮忙把沉重的柜子推到一边时，他无力地说：“我做不到。你知道的，我抬不动那么重的东西。”学校里，大家也都在传汉诺什么也干不了。有一次，他甚至被一个比他小的二年级男孩用胳肢窝卡住头而动弹不得。汉诺不敢反击，因为他根本没有意识到自己身体的力量。哥哥把他当作弱者的说法，以强大的力量把曾经无忧无虑的男孩变成了懦弱胆怯的人。如果哥哥继续以牺牲汉诺的方式，来为自己获得心理平衡的话，那么汉诺自信心受损的情况会依然存在。因为，他没有机会向自己和他人证明他身体里潜藏的实力，也就无法证明哥哥克劳斯的评价毫无根据。

这个例子表明，孩子不仅有可能被父母分配角色，也可能被兄弟姐妹强制分配角色。作为父母，您要确保这种角色分配不会对孩子造成心理创伤。克劳斯和汉诺的例子说明，强行分配的角色有可能会使强者变成弱者。

在对孩子的教育中，如果父母能打破传统的角色认知，引导孩子对自己的角色有正确的理解，那么孩子的自信心就有可能因此而增强。回看上文的例子，如果父母一开始就告诉汉诺，男孩也能示弱，这完全不影响他成长为一个真正的男人，那么汉诺就不会因为被称为弱者而丧失自信。

不要强迫男孩压抑感情，一个能坦然表达情绪的孩子，在心理上往往更能达到一种平衡。如果您的儿子很悲伤，眼泪在眼眶里打转，让他哭吧。不要告诉他一定坚强，而是应该询问他，到底是什么让他那么沮丧。恐惧、同情和悲伤并不是男子汉必须压抑的消极情绪，恰恰相反，能表现出柔软和敏感的男孩，比只会自我欺骗的硬汉更可爱。

就像戏剧中一定会有一个主角一样，兄弟姐妹中也常常会有一个主角，他能力超群、才华横溢，是父母的最爱，满足了父母所有的期盼。

索尼娅就是一个这样的家庭主角。作为家中大姐，她很早就开始对弟弟妹妹负起责任，随着时间的推移，她成了母亲最得力的帮手。只要妈妈有需要，索尼娅就会立即去帮忙。她送弟弟妹妹到幼儿园，帮妈妈去超市采购日用品，有时还会帮忙清洁浴室。她的付出得到了父母交口称赞：“宝贝，你真是我们的乖女儿。没有你，我们该怎么办啊。”索尼娅也为此感到自豪。可后来，父母对她的要求越来越高，开始她也没有太在意。“索尼娅，你能帮斯蒂芬看一下他的作业吗?”“索尼娅，你能帮忙去遛狗吗?”“索尼娅，伊默需要换尿布了，你知道尿不湿在哪儿吗?”索尼娅认为，父母相信她能做好一切，所以她不能让父母失望。

多年来，全家人已经习惯让索尼娅打理一切，并且她做得也很完美。也正因如此，弟弟妹妹从来看不到需要他们积极主动的地方。一出问题，他们马上给索尼娅打电话，能者会把一切都处理好。时至今日，这一点都没有改变。

后来，索尼娅成了两个孩子的母亲，可当她的弟弟妹妹有燃眉之急时，她也还是会赶去帮忙。父母则希望索尼娅能定期回家照看他们。斯蒂芬仍然像以前一样求助于索尼娅：“大姐，你擅长用电脑，能不能帮我写篇论文?你稍微动动指头就能写完了。”伊默也没有忘记有一个热心肠的姐姐是件多么幸福的事情，她在恋爱问题上寻求索尼娅的建议，因为她和新男友交往得不太顺利，所以经常打电话给索尼娅。伊默那复杂的感情问题，每次至少占用索尼娅两个小时的时间。

事实证明，在许多情况下，家庭中被赋予特殊角色的孩子往往都负担很重。他们很难脱离自己被赋予的角色，致使这种束缚最终成为个性发展的绊脚石。

西格蒙德·弗洛伊德对此有独到见解——成为家庭中的“尖子”有时并不是一件好事。这位心理学家是家中八兄妹中的老大，母亲宣称他是自己最喜欢的孩子。他曾这样描述家庭角色对他之后生活的影响：“如果一个人一直是母亲无可争议的最爱，他终生就会拥有一种征服欲和自信心，这往往也是让他最终获得成功的重要因素。”

正如美国心理学家弗兰克·苏洛威在研究了6000份简历后得出的结论，家中长子获得父母大量的关爱，因此更容易成长为强大、自信和负责的人。然而，现今传统模式家庭已很少见，所以有人对这一理论在今天是否依然成立表示怀疑。

聪明的孩子在很小的时候就会开始思考，除了父母安排的角色之外，还会不会有更适合自己的角色。他会好奇地观察兄弟姐妹都在做什么，他们在哪个领域是出类拔萃的。这种观察的结果在一个人寻找自我角色的过程中能起到决定性作用。

文森特很快发现妹妹巴贝特比他更擅长数学。所以，他毅然放弃数学，转而投入创意。这个决定对他来说很容易，因为他的确很有创新意识，不同寻常的想法似乎总是取之不尽、用之不竭，艺术天赋也远高于同龄孩子。事实证明，文森特的选择是明智的，他在创意领域取得了很好的成绩。

通常情况下，孩子至少在一个自己擅长的领域中需要父母的完全认可，并且该领域是他的“专属”领域。在那里，孩子所需要的不是集体的荣耀，而是独有的胜利。

一般来说，孩子可以准确判定自己应该扮演的角色。比如，小丑特别招人喜欢，因为他给每个人都带来欢笑；乖乖的小羊羔因为无助而受到保护和关怀；迷人而富有魅力的家伙总能达成所愿；书虫因饱读诗书而受人尊重；狂野的“大黄蜂”让人都羡慕他神话般无忧无虑的气质。

有时为引起父母的注意，一些孩子甚至决定扮演“恶棍”的角色。当然，他们不是真的邪恶，但父母肯定会注意到他们不守规矩，或是出现攻击性行为。遇到这种情况，父母哪怕是怒骂或斥责孩子，也比漠视要好得多。

谨防角色危机

每次哈杰出现时，家人就会调侃一番：“瞧啊，我们家的“暴力分子”来了，咱们最好都小心点儿。”被家人贴上标签会给孩子带来极大的心理伤害，会令孩子固定在某一特定的思维模式中而难以自拔。

当然，哈杰的父母并不希望也并未预见事态会这样发展。为了把儿子培养成硬汉，他们故意在与哈杰的亲子关系中保持一定的距离，以免哈杰变得软弱。拥抱和亲昵更是被杜绝，因为“一个真正的男子汉不需要那些”。然而，父母对待小女儿伊尼斯则完全不同，总是又搂又亲。

父母对孩子的角色分配自带“好”与“恶”，通过父母的反复强化，孩子越大，对角色的理解也就越深。伊尼斯是众星捧月的公主，却没人喜欢粗鲁叛逆的哈杰。长此以往，孩子会逐渐相信自己真的如外界所定义的那样，成长为一个暴力分子。

伊尼斯在父母的宠溺下慵懒闲适，而哈杰却不得不接受父母不与他亲近的现实。伊尼斯因此变得越来越恃宠而骄，她凭借自己的乖巧彻底稳固了家中宠儿的地位。伊尼斯很擅长激怒她的哥哥哈杰，让哈杰在每一次气急败坏后变成一个更加不可救药的“暴徒”。

自身的想法与角色的矛盾会让人陷入危机。哈杰本不想蛮横无理，但却深深陷入难解的尴尬境地。他已经无法摆脱身上的角色烙印，也无法转换为其他角色。多年来，能够让他变得亲和的事物都被埋葬在他扮演“暴徒”的岁月里，难以得见天日。

其实，无理行为的背后通常隐藏着对温暖和关爱的渴求。一个不允许示弱的男孩很难向别人表达他对爱的渴望，他更愿意把自己变成刺猬，抓住每一次可以伸出刺来的机会，不愿让任何人接近自己。遇到这种情况时，作为父母，您需要打破其坚硬的外壳，帮助孩子摆脱硬汉角色。当然，这不可能一蹴而就，需要家长循循善诱，引导孩子正确

“拔刺”。

很长一段时间以来，人见人爱的伊尼斯沐浴在爱的阳光下，放弃了自己与哥哥和谐的兄妹关系。在她看来，父母的赞赏和认可比她与哈杰的和谐关系更为重要，她也因此经常遭到哈杰的仇恨和蔑视。但伊尼斯忘了很重要的一点：正因为哈杰的存在，以及她与哈杰在性格上的强烈反差，才使她的活泼可爱格外亮眼。

作为父母，不要将分配给孩子的角色极端化。如果孩子没有按照您的意愿发展，也不要把他晾在一旁。您也许对孩子发展得并不理想感到失望，但孩子其实很难判断父母的期望是否适合自己，他只是沿着父母的指导方向前进。而很多父母并没有在孩子的角色发展出现问题时发出“停下”的信号。

无论是父母还是孩子，通常都很难认识到角色和自身的界线。但父母应该在孩子无法忍受自己所扮演的角色时，及时引导孩子退出角色扮演。每一场戏都有落幕的时候，不要给孩子增添不必要的负担。

“最近，我经历了一件值得我深深反思的事情，”一位年轻的父亲说，“上星期三，我送读一年级的儿子亨德里克到学校上课。当我们到达校门口时，他的同学们已经在那儿集合了。我和往常一样，和他告别说：‘我们到了，宝贝，做个好孩子，在爸爸脸上快速亲一下。’这一幕被他的同学们看到了，其中的几个孩子发出了起哄的声音。亨德里克立刻涨红了脸，目光低垂，只轻轻说了一声：‘再见，爸爸。’然后甩开我走掉了。”

“一开始，我并没有当回事，”父亲继续说，“但第二天早上，亨德里克坚决不去学校。我把话都说尽了也无济于事。小家伙挑衅地对我们宣布说，他再也不想上学了。最后，妻子只好给他请了一天病假。第三天早上，拉锯赛又开始了。一番刨根问底之后，小家伙终于说出了原因。同学们因为他表现得像个小孩子而嘲笑他，他羞愧得恨不得钻到地下。而且他的那句‘这都怪你们’，让我和妻子无言以对。对于像他这样大的男孩来说，告别吻好像只会让他们感到尴尬。”

“我们不得不承认，要求上小学的男孩和父母吻别可能不再合适了。我们承诺亨德里克永远不会要求他再做这种不男子汉的举动了，他这才同意回学校上课。我和妻子想知道我们的教育方法是不是真的错了，一直以来，我们没有站在孩子的角度去考虑问题，只是理所当然地认为，家人之间这种温柔而亲切的交流方式是一种爱的体现。但显然，外界环境并不接受一个未来的男子汉有这样的行为。这件事让我很难过，我们真的应该对儿子的角色有一个全新的认识。”

育儿小贴士

- ○ 不要逼迫孩子扮演某种特定的角色
- ○ 避免让孩子扮演可能对其自身发展产生负面影响的角色
- ○ 确保兄弟姐妹们不会被分配对其中某个孩子有害的角色
- ○ 鼓励孩子发展自己的每一项才能——即使它并不符合您原本的期望
- ○ 摆脱特定刻板的性别印象

家有患儿

CHAPTER 7

7 家有患儿

在本章中，您将了解到——

- 为什么疾病不应该被视为家中禁忌？
- 为什么健康的孩子会嫉妒生病的兄弟姐妹？
- 当孩子因为身患疾病的兄弟姐妹而感到羞愧时，父母应作何反应？
- 人们都是如何照料有残疾的子女的？

疾病不是禁忌，而是主题

联邦新生儿残疾人援助协会与合作组织曾做过统计，德国大约有 42 万名残疾人士，其中约有 18. 5 万名儿童和青少年。由此可知，大约 3%的德国家庭里有残疾儿童，其中 85%的残疾儿童在家中被照料，15%的残疾儿童没有家庭的庇护。

以上这些数据说明，如果您的孩子是残疾儿童或患有严重慢性疾病（以下统称患儿），您不必沮丧或感到孤单，因为有成千上万的父母与您身处同样的境地，他们也需要找到合适的方式来管理日常生活。不得不承认，这需要力量、时间和金钱。根据疾病严重程度的不同，患儿需要得到额外照顾的程度也不同。患儿的存在不仅关乎父母，而且会涉及所有家庭成员。所以，对家中的健康孩子隐瞒关于患儿的事情其实毫无意义。即使您觉得难以开口，也应该开诚布公地与健康孩子针对患儿的病情和病征等进行交流。因为，孩子需要知道关于这种疾病的全部真相。

米莎患有唐氏综合征，初次知道这一消息时，米莎的父母感到非常震惊，同时也陷入深深的绝望之中。他们不仅为米莎担忧，也为他们另外的两个孩子丹娜和芬担忧。两个小姑娘早就注意到她们的妹妹米莎不太对劲，但她们不明就里，多次惴惴不安地向父母询问——米莎的疾病是否有传染性，有一天自己是否也会像米莎一样，为什么要让得了病的米莎来到这世界上，以及是不是父母造成米莎的残疾。两个小姑娘能够感受到父母的悲伤，并乐于在和米莎有关的事情上帮助父母排忧解难。但她们不敢和父母过多地谈起此事，心中的不安日益增长，不知如何是好。由于害怕为米莎做事时有所失误，平日里她们都会选择和米莎保持距离。

您遇到过类似的情况吗？家里健康的孩子因没有勇气询问您兄弟姐妹的病情而自己上网查找信息。其实，孩子能够敏锐地察觉出疾病的敏感性，他们知道兄弟姐妹的病情是压在您心头的那块沉甸甸的石头。所以，您不应该向健康的孩子隐瞒兄弟姐妹的病情。通过与健康孩子的详谈，您不仅可以全面地告知患儿的病情和患病程度，还能消除他们对被感染或自己患有同样疾病的潜在恐惧。与此同时，您还应正确引导健康孩子，让他们免于出现接触恐惧，只有这样，健康孩子在面对患儿时才不会畏手畏脚，并尽可能做到平等地对待残疾或患有慢性疾病的兄弟姐妹。

与患儿一起生活并不容易，每一位家庭成员都有了解患儿病情实情的权利，所以，请不要把疾病当作家中的禁忌。即便有一天您的健康孩子可能会突然发现，“我患病的哥哥的每个愿望都能实现”。

“生病也不是什么坏事。”

弗里德已经逐渐接受了一个事实——阿诺与他不同。阿诺不得不坐轮椅，也不能像普通孩子那样嬉戏玩耍。然而，弗里德根本没有料到，他的残疾哥哥会得到爸妈如此小心翼翼的宠爱：阿诺只要干咳一下，爸妈就会急忙赶过去查看他是否有异样；阿诺想吃冰激凌，爸妈就立刻拿给他。同样的事情发生在弗里德身上，弗里德要向爸妈恳求半天才能如愿；阿诺只要一觉得无聊，妈妈就会将棋盘拿出来陪他下棋，而弗里德呢，他都不记得妈妈上次和他一起玩游戏是什么时候的事情了。这一切让弗里德认为："其实生病也不是什么坏事。"

当父母一心扑在患儿身上时，健康孩子会感到被忽视。一般来说，兄弟姐妹会通过竞争得到父母的爱。但在这种特殊的手足关系中，正常规则被打破了，"我必须先照顾你生病的兄弟/姐妹啊"。健康孩子总会听到父母这样说，以至于他们除了压抑自己的需要别无选择。

当父母从患儿眼中读出他的每一个愿望时，健康孩子会感到难过。即使最宽容、最热心的孩子也会因为被父母长期忽视而感到愤怒。他们遭受不公平待遇，但又不能把满腔怒火发泄到身患疾病的兄弟或姐妹身上。因此，一旦他们情绪爆发，父母通常是不能理解的。"你怎么能这么无礼？你怎么能这样侮辱你哥哥呢？弗里德，我想你应该理解，阿诺比你更需要照顾。好了，快别耍小孩子脾气了，自己去玩吧。"

弗里德无法压制内心的嫉妒，这使得兄弟二人的关系变得越来越沉重。弗里德对阿诺的同情慢慢变成厌恶，父母对阿诺的偏爱让弗里德越来越觉得委屈：“爸妈不像爱阿诺一样爱我。”

当父母在家或不在家，弗里德会对阿诺表现出不同的态度。每当他与阿诺独处时，弗里德会通过折磨阿诺来释放自己内心的沮丧。可当父母在家时，他就会变回那个性情温和的男孩，温柔地对待他的残疾兄弟。长期的情绪郁积引发了严重的心理危机——弗里德病倒了，他需要父母的照顾。

在大多数情况下，孩子的行为会折射出他们内心的真实感受。例如，家中长子因为新生儿夺走了母亲的关爱而感到沮丧和困惑，于是他便恢复了小婴儿的做派。另一种可能是，健康孩子会刻意伤害自己，让自己同患儿一样必须看医生，以此获得父母的关注。

当孩子的灵魂有了创伤

奥利弗好像一生都不会再开心了，自从弟弟凯发生事故以来，10 岁的奥利弗仿佛变成了另外一个人，曾经外向活泼的小家伙变得异常沉默。似乎有些事情对他造成了极大困扰。但当别人问他时，他都极力逃避。“没什么事，我很好。”他说完就迅速移开了视线，但妈妈却没有注意到他闪躲的眼神。

直到一天下午，妈妈将奥利弗叫到一边说：“奥利弗，现在告诉我，你为什么总是闷闷不乐，不告诉我伤心的原因，我是不会让你走的。”奥利弗吞吞吐吐，但最后他还是说了出来：“妈妈，我很伤心，也很内疚，因为我，凯才生病。凯是和我一起荡秋千不小心摔下来后才变残疾的。”“亲爱的，”妈妈安慰他说，“不是那样的。”“不，就是那样的，我本该好好照顾凯，他还那么小，我要是没使劲推秋千就好了，我也没有想到会发生这么可怕的事情。”“奥利弗，你也没料到凯会遭遇不幸，摔得那么厉害。没有人责备你。这只是一个意外，谁都没办法阻止。”母亲把奥利弗抱在怀里安慰他：“擦干眼泪，让我们想想现在和凯一起做点什么，我们玩个游戏好吗？”

内疚感可能有不同原因，有些孩子觉得自己应该为兄弟姐妹的疾病负责，像奥利弗一样，他们认为自己的所作所为导致了意外状况的发生；有些孩子曾经因为生气、愤怒而诅咒过自己的兄弟姐妹，“这个笨蛋要是得重病就好了，那样他就不能抢走我的自行车了”，但如果兄弟姐妹真的生了病，他们又会陷入深深的自责，并且不敢声张。

在学业或运动方面成绩优秀的孩子往往会心有不安。他们会因为自己比身患疾病的兄弟姐妹身体素质要好得多，能力也要强得多，而心有愧疚，有时甚至为了在某方面不超过身患疾病的兄弟姐妹，他们会故意表现得差一些。

如果您留意到您的健康孩子每天都心事重重，请一定打破砂锅问到底。健康孩子不应该把患儿的问题联系到自己身上，因此，您要充分肯定健康孩子的成功，并明确表示他的成功是他努力拼搏的结果。

当孩子因兄弟姐妹的残疾感到难堪时

安德里亚最近总是到处乱跑。当妈妈拜托他带妹妹艾娃到外面散步时，这个 14 岁的孩子就会发出强烈抗议："求你了，妈妈，我不想和艾娃一起散步。人们总是盯着我们看，还提出一些愚蠢的问题，这太令人尴尬了。""我也同意安德里亚说的。"奎多补充说道，"前几天，我带艾娃到街上散步，碰巧遇到了我的同学。然后他们就开始问我从哪里捡来的女孩子。我感到自己从未像那样羞愧过。妈妈，求你下次一个人带艾娃出去吧，我是永远不会再那样做了。”

青少年尤其难以自信地应对与患儿一起出现在公共场合的情况。对于青春期的孩子来说，美是衡量所有事物的基准，在外貌或行为上与普通人不大相同的人，会被他们认为有着不可原谅的瑕疵。患儿特殊的外貌或行为会引起旁人侧目，因此青少年当然不想与患儿同时出现在大众视野中。对于一个青春期的孩子而言，与这样一个人一起出现会被认为是“超级事故”。尤其是在他们听到自己的朋友取笑患儿并说出伤人的话语时，“嘿，伙计，原来你家里藏着这么一个‘怪物’呢”。那一刻，孩子会感到被群体排挤，感到羞耻，同时还会担心身患疾病的兄弟姐妹的存在对他所造成的负面影响，“奎多最近一直在谈论历史，是不是被他那没脑子的兄弟传染了”。

在您忍不住想要指责孩子之前，请您先默数 100 个数。因为有时实际情况并不像您乍一看到的那样糟糕。当然，孩子因家中患儿而感到尴尬，所以极力反对与他们一起抛头露面的想法并非无错，但青春期的孩子会做出这种反应再自然不过。对他们来说，被朋友接纳，并且在朋友当中有发言权至关重要。患儿因为不符合孩子们的审美标准而不容易被他们接纳。这种认知虽让人觉得难过，但不要试图改变孩子有想法。顺便说一下，健康孩子有这种消极态度，并不意味着他们内心深处鄙视患儿。在家里，他们有可能会像往常一样，对身患疾病的兄弟姐妹表现出爱心和热心。因此，父母不因此做出大惊小怪的反应是明智之举。允许健康孩子单独行动，哪怕这会让患儿感到难过。要向孩子坦陈您能理解他们的感受，“我很清楚，当艾娃站在你身边无法自控时，你会感到很难堪。最开始我也会有同样的感觉，但后来我对自己说，他人的想法并不重要，只要我们一家人团结在一起帮助艾娃，那就没有什么困难是能打倒我们的。你们也是这样想的，对吧?”

您要清楚，强迫孩子不会产生好的效果。孩子不情愿地把身患疾病的兄弟姐妹带出门，代价是什么？他们对患儿的厌恶情绪会增加，这样不仅解决不了问题，还会使孩子们的关系进一步恶化。

向健康孩子详细地解释患儿的病情是至关重要的，因为普通大众对待患儿的态度并不总是充满了同情心和善意。因此，您应该让健康孩子掌握更充分的论据，以便他们能够巧妙应对愚蠢的问题。许多孩子出于无知或偏见而说出傻话，其实并无恶意。如果您的孩子可以冷静从容地反击，就可以阻止他人的下一次侮辱。

“看在上帝的份儿上，你去照顾下马蒂亚斯！”克鲁格家几乎每个小时都能听到这样的喊叫。卡特林和法比安的视线一刻都不敢离开他们7岁的儿子。由于马蒂亚斯患有成骨不全症，他们担心一旦自己稍有疏忽，就会发生事故。

家中的另外两个孩子汤姆和廷卡也接受了照看马蒂亚斯的任务。“你们也有责任帮助生病的兄弟，”父母对汤姆和廷卡说，“所以，我们希望你们能够抽空多照顾一下马蒂亚斯，好吗？”

像卡特林和法比安这样的父母不在少数，为了照顾家中患儿可谓拼尽努力，只求能为患儿营造一个舒适的环境。他们对患儿从不提任何期望，只求患儿在家中过得舒适安心。

一般来说，父母的确需要花更多时间在患儿身上。同样，他们试图全方位保护患儿免受伤害的心理也可以理解。但这是否意味着患儿无须培养个人能力，也无须承担任何责任呢？

父母想要照顾好患儿，仅提供贴身看护和24小时和谐的家庭氛围是不够的。父母只有信任患儿，认真对待并学会要求他们，他们才会感到自己是被他人接受和认可的，才能获得高质量生活，从而实现一定程度的个人自由。父母小心翼翼地呵护，以为这样做对患儿是最好的，但是，他们没有意识到，这种行为极大地增加了患儿对父母的依赖性。有一天，患儿会因为微不足道的小事去寻求父母的帮助，完全失去独立做事的愿望，没有一丝的自信与活力。最后，患儿会变得对任何事情都提不起兴趣。

一个孩子如果要风得风，要雨得雨，便会失去社交能力。父母如果日复一日地放纵患儿，不让他承担任何责任或不要求他有任何表现，很快他就会觉得一切都事不关己。他不会在乎您是否因工作劳累而需要休息；他也不在乎您需要分出精力照顾其他孩子；他根本看不到别人也有被关爱的权利。他只知道一件事：任何时候都要得到您全部的关注，并且永远要做家中的主角。直到有一天您突然意识到，您无意中让自己的孩子变成了一个自私自利的人，凡事只考虑自己，完全忽视别人的感受。

相信您也不希望出现这样的结果。所以，请不要让孩子成为“真空宝宝”，生活在真空地带，而是给他们一定的成长空间，让他们经历风雨。只有这样，他们才能够成长。

健康孩子也需要父母的关注

许多父母抱怨说，他们因为要打理患儿的日常生活而负担沉重，导致陪伴健康孩子的时间太少。不可否认的是，与治疗师会谈，与自助小组的成员会谈，以及每日陪伴患儿进行必要的练习，都会给父母带来巨大压力。

尽管如此，作为父母，您也应该向健康孩子表示，即使平日里您的压力非常大，但这并不影响您对他们的支持和爱。定期为健康孩子抽出一些时间，和他们聊天、散步、一起玩游戏，或是做其他的事情。最重要的是，专门为健康孩子预留出陪伴他们的时间，让他们感受到自己被认真对待，而不是要孤独地面对自己的忧虑。

健康孩子知道，长久以来，父母因为患儿一直紧绷着一根弦，总是忧心忡忡。因此，他们会更加珍惜父母同他们共处的时光。“爸妈像爱汉格勒一样爱我们。虽然他们今天有压力，但还是和我们一起去吃了冰激凌。说实话，我们的父母太棒了！”

育儿小贴士

- ○ 患儿的病情不是您必须隐瞒的事，不需要把它当作一种禁忌
- ○ 对健康孩子应给予足够的重视
- ○ 允许健康孩子与患儿保持一定距离
- ○ 鼓励全家人团结起来，更好地克服障碍，并学会承受相应的责任

分离，有时也是新的开始

CHAPTER 8

有趣的关系

在本章中，您将了解到——

· 重组家庭比重增加成为趋势。

· 离婚家庭的孩子如何克服分离焦虑?

· 为什么孩子在新家庭中需要指导?

· 继父母如何赢得继子女的信任?

建立新联盟

专家认为，在未来，重组家庭很有可能成为一种普遍的家庭模式。据统计，10%的德国家庭属于重组家庭，大约85万个孩子与继父母生活在一起。到目前为止，在德国约50%的婚姻会在7年内结束，离异者中有子女的超过50%会在一年后找到新的伴侣。

对孩子来说，新的家庭意味着他们的生活将发生巨变。他们不仅要适应继父母，还要应对新的兄弟姐妹。孩子在过去家中所习惯的长幼排序变得无效，长子女突然发现自己变成了“夹心”孩子或幼子女，被宠坏的小女儿竟然变成了大姐姐，一个陌生的婴儿占据了曾属于她的固定位置……

当然，事情还有可能更加复杂。父母离婚后，孩子由其中一方抚养，而另一方会独自离开，并许诺会定期探望孩子。如果父母其中一方有了新伴侣，新伴侣有可能将自己的孩子带来，组建一个全新的家庭。

对于安吉拉和伊沃来说，就在前不久，爸爸还完全属于她们二人。现在，她们必须与两个陌生的男孩分享父爱。爸爸承诺每两周来看望安吉拉和伊沃一次，但两姐妹并不因此而感到满足。“为什么君特和赫德会是我们的兄弟?”安吉拉感到很困惑，“我们明明没有血缘关系啊。”

对于孩子来说，新的家庭关系以及新的家庭成员的出现可能会令他们难以接受。按照反映时代精神的定义来说，“孩子在哪儿，家就在哪儿”，但现如今，各种替代性的家庭形式比比皆是。除了“亲生父母+孩子”的经典家庭模式，家庭问题研究人员还列举了74种家庭模式。重组家庭、单亲家庭、领养或收养孩子的家庭，以及同性伴侣家庭等，这些模式都包含在“家庭”的范围内。

分离焦虑

当家庭破裂时，兄弟姐妹的关系可能会随之失控。他们将何去何从？会分开，还是会一起与父母中的一方生活？

“我做错了什么吗？”“爸爸妈妈是不是因为我分开的？”相信这类的问题困扰过不少离异家庭的孩子，因为孩子并不清楚父母分开的真正原因。不要让您的孩子因自责而折磨自己，向他们解释清楚，父母的离异与他们无关。如果孩子想了解更多，请说明离婚的原因，但切记不要诋毁您的伴侣。

孩子如果有足够的决断力，可以自己决定今后与谁生活在一起，那么您应该与孩子好好讨论一下这个问题。通过这种方式，您也可以提前告知孩子，他未来生活的状态。

除此之外，父母还应帮助孩子在未来的新家庭中找到自己的位置。不要强调您的生活方式和前任伴侣的差异，而是试图说服孩子，在两个家庭之间切换其实是有好处的。比如，您可以这样向孩子解释：“从现在开始，你将拥有两个家，你需要先慢慢习惯这一改变。事情不可能总是如你所愿，试着发现其中好的一面。例如，你在生日和圣诞节时会收到更多的礼物。而且你可以积累很多宝贵的经验，适应两种不同类型的家庭生活。而且拥有新的兄弟姐妹，还是挺令人高兴的事情。”

适应新环境

在离婚的伤口逐渐愈合后，许多单亲父母会重拾心情，渴望拥有一个新的家庭。当他们找到了新的固定伴侣，确定了彼此都有意组建新的家庭时，接下来，他们就需要向孩子介绍新伴侣，即孩子未来的继父或继母，并期望孩子能热情地回应全新的亲子关系。如果孩子没有张开双臂欢迎新的家庭成员，有的父母便会很懊恼。他们不明白为什么孩子表现得如此消极。“难道你不想再有一个家吗?”母亲沮丧地问道。相比新的家人，孩子大多还是希望与原来的家人重聚，希望爸爸妈妈能言归于好。但在新的家庭成员拎着大包小包入住的那一刻，孩子便意识到自己的希望彻底落空了，回归原家庭的美梦终成泡影。

父母中的一方搬了出去，当然，可能还包括兄弟姐妹。

家中可能不再秩序井然，而是一片混乱。就在孩子努力适应新环境的同时，另一个变化又浮出水面：爸爸或妈妈的新伴侣还有他的孩子，将搬来一起生活。您不能指望孩子热情地欢迎这些“入侵者”。请站在孩子的角度想一想，不久前，他们才刚刚适应与父母其中一方分开生活。在这种情况下，继父母出现在他们的生活中，取代了亲生父母的位置。这会使孩子误认为，继父母就是造成他原先家庭分崩离析的罪魁祸首，一种不信任感会在孩子心中滋生蔓延。

如果孩子不能立刻接受您的新伴侣，请不要强迫他。好感必须慢慢建立，大人也不可能立即就进入新的角色。只有给每一位家庭成员慢慢了解新家人的机会，幸福的家庭才能逐渐建立起来。

一旦您决定尝试携手新伴侣展开新的生活，您应该试着让孩子理解您的这个决定，并给他一个能够接受的理由。向孩子说明，您的新伴侣不会给他带来任何威胁。“你知道吗，我找到了一个我想与之分享生活的人，但这并不意味着我不再爱你了。我们将组成一个新家庭，而且我相信，霍斯特会非常非常爱你。另外，我也需要你的帮助，让我们的新家庭更加美好。因为只有你感觉良好，真心喜欢我们的新生活，我们才能凝聚成一个真正的家庭，大家才会快乐。”

如果您的新伴侣还要带着他的子女与你们一起生活呢？对此，您应该做好准备，与您的孩子交流诸如以下话题：“我可以想象，一下子多出两个新兄弟你一定不适应，但对他们两个来说也同样如此。在你确定是否喜欢马瑞斯和克里斯托弗之前，应该先试着了解他们。我认为你应该给这两个男孩一个机会，也许你会发现他们是非常棒的玩伴。顺便说一句，据我了解，他们和你一样喜欢打篮球，这可是件好事。”

一切才刚刚开始

贝蒂娜心情不好，因为她失去了最喜欢的娃娃。娃娃不是不见了或是她忘记放在哪了，而是被伊莎贝拉——继父带来的新妹妹拿走了。“过去从没有发生过这种情况，”贝蒂娜气呼呼地说，“在此之前，当贝纳德、弗洛安、我、妈妈以及我的亲生父亲住在一起时，我是家中唯一的女孩。没有人要与分享我的玩具。但现在，这个愚蠢的伊莎贝拉出现在这里。妈妈说她是我的妹妹，我应该让她玩我的娃娃。于是，那头蠢驴立即拿走了我最喜欢的娃娃，我简直气死了。”

重组家庭中经常上演“抢椅子”游戏，固定位置上的人可能被换掉，角色也可能要重新分配，孩子们对已经拥有的物品也可能要放弃所有权。这通常意味着战斗的序曲即将奏响。以前在兄弟姐妹中拥有话语权的长子女必须让位，因为继父母的孩子不仅年龄更大，而且也更强壮。

迎来新的兄弟姐妹通常意味着要被迫学会分享，分享自己的房间、玩具，甚至是衣服，但最重要的是，孩子要被迫与“陌生人”分享父母的陪伴和关爱。

科学发现，孩子与亲生父母分离的创伤在经过大约两年半的“消化”后便会痊愈。当新的家庭建立后，孩子与新的兄弟姐妹必然需要时间磨合，这个时候，如果您试图将孩子们强扭在一起，他们反而不容易靠近彼此。给孩子们一些时间，让他们慢慢了解彼此的个性、兴趣、生活习惯，以及如何建立良好的相处模式，这非常有助于他们融合为真正的一家人。

“我从未想过会成为 6 个孩子的母亲，”玛丽说，“在与前夫分开后，我和小女儿过着幸福的生活，直到我遇到马里奥。马里奥是意大利人，特别喜欢孩子。但当我发现他是5个孩子的父亲时，我不由地倒吸一口气。在第一次见面之前，我的确很紧张。但与预期相反，一切进展顺利。孩子们很可爱！马里奥和我很快就步入了婚姻殿堂。”

玛丽接着说：“我们的大家庭从第一天开始就运转良好，只有一个例外——我的女儿克拉拉感觉不太好。过去，家里只有我们两个人，总感觉有些冷清。现在，从地下室到阁楼，家里充斥着各种欢呼声、喧闹声、嬉戏声。典型的意大利人的风格。我知道不能强迫性情迥异的孩子适应别人的行为方式，所以我每天至少要专门给克拉拉留出一小时的陪伴时间。我觉得这样对她和我都很好，因为我们有亲密的母女关系，这是我在这个世界上绝不会为任何事情而放弃的东西。这并不会造成她与新的兄弟姐妹之间的冲突。最近，我发现查拉——孩子中最年长的那个，常常和克拉拉在一起。查拉似乎带给克拉拉很好的影响，克拉拉开始慢慢愿意与他人相处，这让我很欣慰。”

哈特穆特和奥尔加都是二婚。奥尔加带着她的孩子贝迪和安德烈，与现任丈夫哈特穆特生活在一起。哈特穆特的两个男孩与他的第一任妻子住在一起。每两个星期，哈特穆特便会把他的孩子们带到新家来。“每当与我的两个儿子享受亲子时光时，我都会觉得很幸福。”哈特穆特说，

“我总是试着满足男孩们的每一个愿望。”“你把他们宠坏了。”奥尔加插话道，“我觉得，即便这个家对于他们来说是到访家庭，但他们也应该像家里其他孩子一样遵守秩序，不应该被偏爱。此外，我不能告诉贝迪和安德烈，为什么禁止他们做的事，他们的异姓兄弟却可以做。”“你是对的，”哈特穆特承认说，“我这样做，对贝迪和安德烈确实不公平。但是也请多理解我一些，我想成为孩子心目中的好父亲，我很少能看到他们。”“不，我不这么认为，”奥尔加反驳说，“格雷戈尔和奥斯卡每两个星期来拜访一次，到现在已经是惯例。因此，我们也应该恢复常态，做到对他们和对贝迪和安德烈一视同仁。”“我会努力的，”哈特穆特说，“但你必须帮我。我一个人根本做不到，我一看到那两个孩子肯定又会心软。”

在重组家庭的复杂环境中，无论是对孩子还是对父母来说，适应与磨合都是新生活的必修课。您需要抛开“一切都会水到渠成”的不切实际的想法，引导孩子慢慢适应新的家庭环境，慢慢了解新的家庭成员。在您与孩子的共同努力下，相信你们一定会开启一段全新的幸福旅程。

祝愿您取得成功，拥有一个和谐幸福的家庭。

育儿小贴士

- ○ 放弃无法与您的孩子相处愉快的伴侣
- ○ 给自己和孩子留出适应变化的时间
- ○ 给孩子提供必要的支持和信任——等待他张开双臂接纳他的继父母以及异姓兄弟姐妹